AF565998

DON
BOSCO

Viola M. Fromme-Seifert, freiberufliche Religionspädagogin mit den Schwerpunkten „Kinderspiritualität“ und „Nachhaltigkeit“; deutschlandweit tätige Kitafortbildnerin und Mitarbeiterin im Aktionsprogramm „Kita-Lebensort des Glaubens“ im Bistum Münster.

Viola M. Fromme-Seifert

Geschichten aus dem Alten Testament erleben

1 bis 6 Jahre

Gerne nehmen wir Ihre Anregungen, Wünsche, Kritik oder Fragen entgegen:
Don Bosco Medien GmbH, Sieboldstraße 11, 81669 München
anregungen@donbosco-medien.de
Servicetelefon: (089) 48008-341

Bibliografische Information der Deutschen Nationalbibliothek

Die Deutsche Nationalbibliothek verzeichnet diese Publikation in der Deutschen Nationalbibliografie; detaillierte bibliografische Daten sind im Internet über http://dnb.d-nb.de abrufbar.

1. Auflage 2021 / ISBN 978-3-7698-2524-4

www.donbosco-medien.de
Umschlag und Layout: ReclameBüro, München
Fotos: Viola M. Fromme-Seifert; Grafik S. 13: alazur/stock.adobe.com
Satz: Don Bosco Medien GmbH, München
Druck: Don Bosco Druck & Design, Ensdorf

Gedruckt auf umweltfreundlichem Papier

Inhalt

Vorwort

Herzlich willkommen im Geschichten-Glück!

Langsam öffne ich den Wüstensack und lasse den Sand durch meine Finger rieseln.

Jedes Mal ist es aufs Neue magisch, wenn ich in die Welt des Erzählens, voll tausender Jahre alter Geschichten, eintauchen kann. Es ist mir die größte Freude, dieses Erlebnis jeden Tag in analogen und digitalen Fortbildungen von pädagogischen Fachkräften, mit Kleinen und Großen in Eltern-Kind-Aktionen, auf Fachtagen, über Videos im Netz und natürlich in Form des vorliegenden Praxisbuchs teilen zu können.
Von Herzen danke ich Nina Gießner, Christina Wasserkort und Michaela Meyer aus der Kath. Kita St. Michael, Paderborn-Sennelager. Sie haben die Spielstationen am Ende des Buches möglich gemacht, weil sie – als Bezugspersonen – die Geschichten von Samu und Isa zu den Kindern gebracht haben. Sie haben Kindern den Raum gegeben, ihr Spiel fließen zu lassen. Aufregende und nachahmenswerte Spielstationen sind daraus entstanden.
Freuen Sie sich auf die magische Welt des Alten Testaments, die mit bekannten Alltags- und schlichten Naturmaterialien in die Welt Ihrer Kitakinder kommen will. Alle Godly Play-Erzähler*innen unter Ihnen werden sicher schnell entdecken, dass ich von diesem religionspädagogischen Ansatz (in der deutschen Adaption „Gott im Spiel"; www.godlyplay.de) inspiriert bin. Dies spiegelt meine Grund- und Erzählhaltung wider.

Ihre

V.M. Fromme-Seifert

unterwegs
Gast
Himmel
5000 Jahre
Übergang
Wüste
Glau
Gemeinschaft
Hirte
Hoffnung
Weg
Leben
David
Engel
Ich
Sinn
Spa
König
Welt
Mensch
träumen

Treue

Gott

Wir

be

Mut

Abenteuer

Zelt

suchen

hören

Geschichten

Schafe

sa

Trost

Samu

Stille

Liebe

ung

Du

siegen

Freundschaft

Begegnung

Zur schnellen Orientierung

Hinweise und Rückmeldungen aus der Praxis

Hinweise und Tipps für den Einsatz mit Kindern unter drei Jahren

Praxistipps

Vorlagen zum freien Erzählen

Herz-Fragen zum Reflektieren der Erzählung

Hinweis auf weiterführende Internetseiten

Aus der Kita-Praxis

„Für dieses Bibelabenteuer mussten wir nicht einkaufen oder brauchten zusätzlichen Platz in der Kita. Mit Alltagsmaterialien konnten alle Kinder, jeden Alters, ihre Bezüge herstellen. Es war eine Freude zu sehen, wie sie die Geschichten in ihr Freispiel getragen haben. Die vierjährige Ina erzählte mir von dem Hund und dem Hirten, die in der Wüste in einem Zelt leben. Dabei spielten ihre Hände und die von zwei weiteren Kindern mit Sand. Mir wurde dann erzählt, dass es in der Wüste ‚schwitzwarm' ist. Der Begriff klingt so fühlbar nachvollziehbar."
(Michaela Meyer, Kitaleiterin, Kath. Kita St. Michael, Sennelager)

Spannende Abenteuer erleben – Mit Kindern Glaubensgeschichten entdecken

In den Erzählungen des Alten Testaments wird uns vom Leben der Menschen mit ihrem Gott, von ihren Wünschen, Träumen, Erlebnissen – ihrem Glauben berichtet. Es wird darin von Not und Angst, in der sie sich von Gott begleitet wussten, erzählt. Ebenso zeigen die Texte die Freude und das Glück des Lebens, das sie vor Gott getragen haben. Machen wir uns selbst auf die Suche nach der Aktualität der alten Erzählungen, wird uns schnell klar, dass die Menschen der Welt von vor dreitausend Jahren zwar nicht unser heutiges Wissen hatten, aber ebenso wie wir gefühlt haben.

Nicht umsonst wird die Bibel „das Buch der Bücher" genannt. Die Bibel erzählt den Kindern von spannenden Abenteuern, dem Schicksal von Tieren, der Natur, von Geburt, Freundschaft, Freude, Festen – aber auch von Trauer und Tod. Obwohl dies alles zu einer anderen Zeit geschah, ist es für Kinder aktuell. Denn die Bibel hält alles an Themen bereit, was Kinder interessiert und was sie in ihrem jungen Leben erwarten kann. Ganz besonders zeigt sie jedoch, wie Gott ist und welche Rolle er für die eigene Kinderwelt spielen kann!

Wenn Sie sich mit Ihren Kitakindern in die Welt des ersten Buchs der Bibel, des Alten Testaments, wagen, erwartet Sie eine Reise voller beeindruckender Erfahrungen. Sie werden erleben, dass die Kinder sich und ihr Leben in den Geschichten wiederfinden können und sich damit in Beziehung setzen wollen.

Aus der Kita-Praxis

Matti (2) hat den Sommerurlaub mit seiner Familie auf dem Bauernhof verbracht. Begeistert erzählt er in der Kita immer wieder vom Bauern, der auf die Tiere aufpasst. Die pädagogische Fachkraft nutzt diese Gelegenheit, weil sie merkt, dass sich auch die anderen Kinder für Mattis Erzählungen interessieren. Sie macht sich mit den Kindern auf die Suche nach Tieren und Bauern in der Bibel. Gemeinsam blättern sie in der Kinderbibel, schauen sich Bilder an und forschen nach. Matti entscheidet, dass Noah der beste Bauer ist. Im Anschluss spielen die Kinder begeistert mit der Spielarche und den Tieren auf dem Spielteppich.

Mia (4) erlebt bei einer Eltern-Kind-Aktion, wie die pädagogische Fachkraft in einer Wüstenkiste den Auszug des Volkes Israel aus Ägypten spielt. Mit offenem Mund staunt sie über die Teilung des Meeres. Während der Freispielphase wählt sie nur vier von zahlreichen Figuren aus. Alle Figuren laufen im Sand bis zum Meer, dieses teilt sich, doch nur einer geht hindurch. Danach schließt sich das Meer wieder und die Figuren sind voneinander getrennt. Auch Wochen später spielt sie immer wieder in der Wüstenkiste und verarbeitet auf diese Weise die Trennung ihrer Eltern.

„Ich schenke dir eine Geschichte" – Vom Glauben erzählen und spielen

Kinder erfahren gemeinsam erlebte Geschichten als Geschenk, wenn sich Beziehung, Zeit, Raum und Inhalt miteinander im Einklang befinden. Dann möchten sie ihre Erfahrung ausdehnen und wiederholen, fühlen sich angesteckt und binden sich daran an, verankern sich. Auf diese Weise entwickelt sich ihre Religiosität. Das folgende Modell will diesen ressourcenorientierten Blick veranschaulichen:

Sichtbar zeigt sich die Religiosität des Kindes (von lat. religare: sich verankern, fest machen an etwas, Heimatgefühl) durch das gelebte Interesse des Kindes:

- Damit spiele ich. (Material, Rollenspiel)
- Danach frage ich. (Sinnsuche)
- Dorthin bewege ich mich. (z. B. Orte, an denen Geschichten erzählt werden)
- Darauf zeige ich. (Symbole)
- Das lächle ich an. (Person, die einen religiösen Moment schenkt)
- Das singe ich. (Bezüge im Alltag)
- Damit handle ich. (Rituale, z. B. Hände öffnen, falten und beten)
- Darin suche ich. (Bücher)

Dies ist bei sehr jungen Krippenkindern ebenso zu entdecken (z. B. „Ich sitze schon an dem Platz, auf dem ich immer sitze, wenn eine Geschichte erzählt wird. Siehst du mich? Wann gehts los?“) wie bei älteren Kindern, die dies dann explizit sagen (z. B. „Hey, Frau B., wir beten immer vor dem Essen – hast du das vergessen?“).
Die haltungs- und gestaltungsspezifische Basis kann die pädagogische Fachkraft gemeinsam mit und für das Kind legen. Damit kann sie eine religiöse Sprache anbieten, die es dem Kind ermöglicht, Lebensfragen auf die eigene Art und Weise und im eigenen Tempo für sich individuell zu beantworten.

Authentizität

- Haben Sie als Fachkraft einen persönlichen Zugang zu der biblischen Erzählung, die Sie den Kindern schenken wollen? Haben Sie sich für die Geschichte bewusst entschieden?
- Sind Sie selbst angesteckt? Denn nur dann können Sie auch die Kinder anstecken!
- Empfinden Sie Freude beim Spielen bzw. Erzählen?
- Sind Ihnen die aktuellen Lebensthemen, Neigungen und Interessen der Kinder bewusst? Können Sie diese ehrlich mit dem, was Sie vorhaben, in Verbindung bringen?

- Passt die Geschichte für Sie gerade zur aktuellen Situation (zeitlich, emotional, räumlich etc.)?
- Haben Sie Freude daran, genau jetzt mit den Kindern den Weg zu gehen oder haben Sie eher das Gefühl, etwas „umsetzen" zu müssen?

Atmosphäre

- Können sich die Kinder eingeladen fühlen? Werden sie ernst genommen und sind sie freiwillig hier?
- Gibt es eine vorbereitete, vertraute Umgebung?
- Sind Sie eine Bezugsperson für die Kinder und können Sie über bereits vorhandene Bindungen den Kindern Sicherheit geben?
- Sind Sie, ebenso wie die Kinder, entspannt, weil genügend Zeit und Raum zur Verfügung steht?
- Tut die Situation Ihnen und den Kindern gerade jetzt an diesem Ort und zu diesem Zeitpunkt gut?

Angebot

- Ist die Erzählung kindgerecht und ansprechend?
- Verwenden Sie eine einfache Sprache?
- Wurde die Situation und der Inhalt angemessen elementarisiert oder didaktisch reduziert?
- Haben Sie Zeit eingeplant, um die Geschichte und den Erzählort angemessen zu begrüßen und einzuführen und dann das Material auch gemeinsam mit den Kindern wieder zu verabschieden?
- Ist das Angebot ganzheitlich und sinnorientiert, sodass sich die Kinder selbst aktiv anbinden können?
- Sind die Materialien elementar und überlagern nicht die Inhalte?
- Sind die Materialien bespielbar und können die Kinder diese auch über die Einheit hinaus im Alltag in ihr Freispiel integrieren?
- Ist das Angebot prozesshaft und partizipativ?

Tipps zur Erzählpraxis

Bereiten Sie einen einladenden Ort, z. B. mit Sitzkissen, bei schönem Wetter – gegebenenfalls passend zur Geschichte – auch draußen auf der Wiese oder im Sandkasten vor. Laden Sie die Kinder wertschätzend ein: Singen Sie ein Lied (s. Seite 22f.), bei dem sie sich alle gerne versammeln, sprechen Sie die Kinder persönlich an und begrüßen Sie vor dem Betreten des Erzählraums bzw. Erzählorts jedes Kind einzeln mit Namen.

Für Kinder unter drei Jahren

Beachten Sie den 3-Schritt des Erzählens. Krippenkinder brauchen zunächst das intensive körperliche Wahrnehmen des Erzählorts, bevor sie sich darauf einlassen können, mit Ihnen eine Geschichte zu erleben:

1. Kinder sichten und befühlen das Material.
2. Sie spielen mit dem Material.
3. Den Kindern wird eine Geschichte geschenkt.

Konzentrieren Sie sich beim Erzählen ganz auf die Mitte und auf das, was Ihre Hände tun. Wenn Sie die Kinder anschauen, werden sie auch Ihnen in die Augen blicken und damit ihre Aufmerksamkeit von der Geschichte, dem Erzählort ablenken. Spielen Sie die Geschichte nicht nur für die Kinder, sondern auch für sich selbst. Durch Ihren Bezug dazu können Sie die vergangene Zeit zum Leben erwecken.
Zeigen Sie den Kindern durch Ihren liebevollen Umgang mit dem Material, dass es sich bei der Erzählung um ein wertvolles, dreitausend Jahre altes Geschenk handelt. Führen Sie Gegenstände und Figuren durch Zeigen, Hinhalten und Berühren behutsam ein und wiederholen sie dies auch beim Verabschieden vom Erzählort. Die Kinder werden dies in ihrem Spiel widerspiegeln.

Eine ausführliche Beschreibung der Tipps zur Erzählpraxis finden Sie in: V. M. Fromme-Seifert: Jesus und Ostern erleben. Spielstationen in der KITA, München 2018, Don Bosco Medien, S. 15ff.; einen visuellen Eindruck des Erzählens in der Wüste erhalten Sie über:

Praxistipps zur Umsetzung der Geschichte

In den folgenden für die Kitapraxis mit jungen Kindern abgestimmten Erzähl- und Materialvorschlägen, spiegelt sich eine durch das religionspädagogische Konzept „Gott im Spiel“ (deutsche Adaption von Godly Play) geprägte Haltung wieder. Alle wichtigen Informationen zu diesem Ansatz gibt es unter www.godlyplay.de. Das einführende Video hilft Ihnen dabei, sich ein Bild von den Möglichkeiten dieses Ansatzes für Ihre Einrichtung und Ihre Kinder zu machen.

Altes Testament in der Kita – Geschichten für den Alltag

Erzählungen aus dem Alten Testament sind Geschichten, die das Leben geschrieben hat. So wurden sie auch vor Tausenden von Jahren an Lagerfeuern, in Zelten, auf den Feldern und auf Märkten weitergegeben. Es gibt Aufbruchgeschichten, Weggeschichten, Übergangsgeschichten, Angst- und Mutgeschichten, die den Menschen damals dabei halfen, ihr Leben neu zu beleuchten. Sie laden uns auch heute ein, situativ mit ihnen zu arbeiten.

Aus der KITA-Praxis

Aus der Kita-Praxis

Die Kinder stellen Fragen wie: „Kann man Gott fühlen?“, „Wo wohnt der eigentlich?“ Ein Kind ist sogar sehr traurig darüber, dass es Gott nicht fühlen kann. Die pädagogische Fachkraft trifft sich mit den Kindern an einem ruhigen Ort in der Außenanlage. Dort fordert sie die Kinder auf, aufmerksam den Umgebungsgeräuschen zu lauschen und danach, diese Geräusche zu beschreiben. Dann erzählt sie ihnen von Elija, der auf Gott gewartet hat: Nicht im Feuer, im stürmischen Brausen oder im Donner ist Gott zu ihm gekommen, sondern im sanften leisen Säuseln, das überall um ihn herum war und ihn sanft gestreichelt hat.
Diese Erzählung eignet sich auch besonders für Kinder, die sich einsam fühlen.

Obwohl die Erzählungen im Gesamtkontext des Alten Testaments in Kinderbibeln und auch hier in diesem Praxisbuch chronologisch aufeinander folgen, haben sie dennoch zumeist nicht den engen inneren Zusammenhang, den wir aus dem Neuen Testament kennen. Denn hier erzählen bzw. erleben wir eine ausführlich beschriebene, relativ kurze Zeitspanne des Lebenswegs von Jesus Christus, den wir begleiten können. Da diese Erzählungen religionsstiftend für uns Christen sind, strukturieren sie unseren Kitaalltag in und durch den Jahreskreis. Wenn wir in „den Lücken der Festzeiten“ stärker mit der Bibel arbeiten möchten und damit das Leben aus dem Glauben heraus beleuchten wollen, finden wir im Alten Testament viele Themen, die im Alltag von uns Erwachsenen ebenso Anklang finden, wie in dem der Kinder.
Für dieses Praxisbuch reisen die Kinder zunächst in die Zeit König Davids, die circa tausend Jahre vor Christi Geburt, also in etwa dreitausend Jahre vor unserer heutigen Zeit angesiedelt wird. Dort hören sie auch von menschlichen Erfahrungen mit Gott, die davor schon bereits seit tausend bis zweitausend Jahren weitererzählt wurden und erleben sie nach.
Um die Erzählungen thematisch besser einordnen zu können, finden Sie vor jeder Geschichteneinheit Informationen zu möglichen Lebensthemen der Kinder und Erzählanlässen, die Ihnen dabei helfen, die Geschichten situativ passend zu jeweiligen All-

tagssituationen oder Fragen der Kinder anzubieten.
Auch die Identitätsfigur Samu, der Hirtenjunge, wird zu Beginn jeder Erzählung für die Kinder deutlich machen, was sie mit dessen damaligem Leben zu tun hat. So können die Kinder während oder im Anschluss an jede Geschichte den Bezug zu ihrem eigenen Alltag herstellen. Genau dieses Nachdenken wird für die Kinder zu einem besonderen Schatz und kann dann in den Geschichtenbeutel (s. Seite 34) wandern.

Da sich die alttestamentlichen Erzählungen über einen großen Zeitraum erstrecken, wurde für dieses Buch der Fokus auf Samu, den Hirtenjungen, gelegt. Er ist ein Freund von David, der zwar älter ist als er, von dem er aber lernt und viele Geschichten hört. Dies macht möglich, dass Samu hautnah das Leben vom späteren König David miterlebt. Die für junge Kinder nicht greifbaren Zeitsprünge zwischen den Geschichten (d. h. die Altersphasen im Leben Samus und Davids zwischen den einzelnen Sequenzen) werden nicht thematisiert. Dazu müsste Samu, um tausende Jahre vorher geschehene Ereignisse zu erleben, ebenfalls in die Vergangenheit reisen. Durch die ausgeprägte Erzählkultur der damaligen Zeit kommen aber alle vorher anzusiedelnden Geschichten zu ihm und damit auch zu den Kitakindern.
Tauchen Sie mit den Kindern ein in diese Welt des Erzählens – in eine Zeit der Geschichten, die von Mund zu Mund, von Zelt zu Zelt weitergegeben wurden. Laden Sie die Kinder an einen magischen Erzählort ein:

- Vielleicht wartet die Wüste tatsächlich in einem Zelt auf die Kinder?
- Bei schönem Wetter kann dieses Zelt draußen im Sandkasten stehen oder es kann auch in der Turnhalle von den Kindern selbst gebaut werden.
- Vielleicht steht das Zelt aber auch nur sichtbar im Wüsten-Erzählort.

Aus der Kita-Praxis

„Das Erzählen mit und im Zelt ist den Kindern sehr wichtig! Dabei haben wir Fachkräfte ganz viel über die Familienreligiosität der einzelnen Kinder gelernt. Die einen kannten Geschichtenzeiten von zu Hause, anderen war es überraschenderweise völlig unbekannt. Diese Kinder haben es mit nach Hause genommen und es kam durchaus gutes Feedback von den Eltern. Sie haben sich Mühe gegeben, nun auch zu Hause Erzählen in den Alltag einzubauen."
(Nina Gießner, pädagogische Fachkraft, St. Michael, Sennelager)

Altes Testament erleben mit Spielstationen – ein Partizipationsprojekt

Im Spiel können Kinder ihre Kultur leben. Es ist ihre persönliche kreative Art, Erfahrungen zu bearbeiten und als Lernschritt in ihren Alltag zu integrieren. Dabei können sie sein, was ihnen sonst vielleicht nicht möglich ist: ein mutiger und starker Mensch, Anführer, Mutter, Vater, Tochter, Sohn oder vielleicht sogar Gott selbst. Wenn sie durch die alttestamentlichen Geschichten in das abenteuerliche Leben einer längst vergangenen Zeit eintauchen, werden sie Bezüge zu ihrem eigenen Alltag finden. Sie werden Kostbarkeiten und Erinnerung aus diesen Geschichten sammeln, die sie dann in ihr alltägliches Spiel einbauen. Wenn Sie mit den Alten Testament-Erzählungen arbeiten, wird sich ein Effekt einstellen, der in der Kita allzu bekannt ist: Nicht umsonst erzählen Kinder noch im Februar von St. Martin und verteilen auch im September noch Rollen zum Palmsonntagsspiel. Sie erkennen sogar bei jedem Mittagessen, dass das genau wie Gründonnerstag ist, als Jesus mit seinen Freunden das Brot geteilt hat. Spielstationen unterstützen Kinder dabei, religiöse Inhalte in ihr Leben und ihr Alltags(frei)-spiel hineinzulassen. Besonders bedeutsam sind die Spielstationen, wenn sie partizipativ mit den Kindern erstellt wurden. Laden Sie die Kinder ein, im Anschluss an jede Geschichte oder auch zu einem späteren Zeitpunkt zu überlegen, wie, wo und mit welchen Materialien sie die Geschichte spielen wollen. Im letzten Teil dieses Buches

(s. Seite 104ff.) finden Sie zahlreiche Beispiele aus der Kath. Kindertagesstätte St. Michael, Sennelager, in denen Kinder gemeinsam mit den Erzieherinnen selbst Spielstation gebaut, bespielt und angeboten haben.

Checkliste Spielstationen

- Freiwillige Teilnahme und Initiation des Kindes
- Ideen der Kinder fließen mit ein oder es geht ganz auf die Initiative der Kinder zurück
- Selbsttätigkeit (Reihenfolge, Tempo, Form)
- Selbstständigkeit (aktives Kind)
- Umsetzbarkeit ist gewährleistet
- Sicherer Raum (kein Ortswechsel)
- Sicheres Material (Material wird nicht anderweitig gebraucht)
- Sichere Dauer (fest vereinbarte Zeit für das Spiel mit der Station, z. B. eine Woche oder auch länger mit aufbauenden Stationen)
- Beziehungsmöglichkeit der Kinder untereinander und mit der Fachkraft
- Übertragen in den Alltag (Kinder haben auch im Freispiel und ungeplant Zugriff auf die Station)

Weitere ausführliche Erläuterungen dazu finden Sie auch in: V. M. Fromme-Seifert: Jesus und Ostern erleben. Spielstationen in der KITA, München 2018, Don Bosco Medien, S. 20ff.

Die Einladung: „Bibelabenteuer" – das Lied

Rituale geben Sicherheit und Halt, sie sind einladend und machen Freude. Themenlieder locken Kinder an, denn sie signalisieren, dass sie gleich eine spannende Erfahrung machen können. Das folgende Lied lädt die Kinder zum Bibelabenteuer mit Samu und Isa ein, zu einer Zeitreise in die Welt der Geschichten vor dreitausend Jahren.

Bibelabenteuer

Text: Viola M. Fromme-Seifert, Markus Heßbrügge; Musik: Markus Heßbrügge

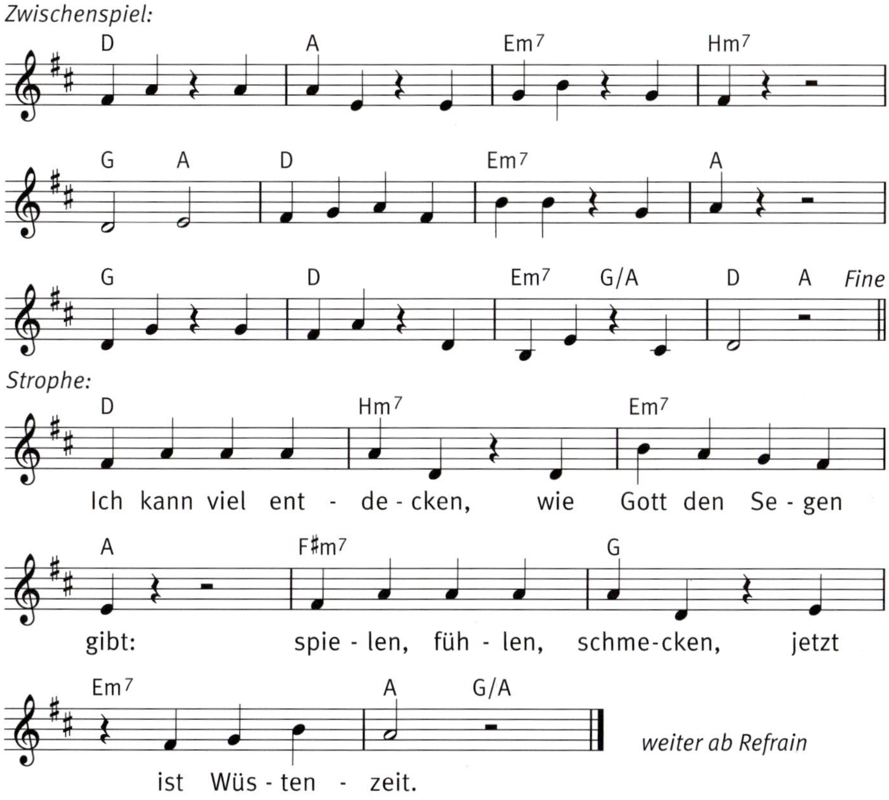

Zwischenspiel:

D A Em7 Hm7

G A D Em7 A

G D Em7 G/A D A *Fine*

Strophe:

D Hm7 Em7

Ich kann viel ent - de - cken, wie Gott den Se - gen

A F♯m7 G

gibt: spie - len, füh - len, schme-cken, jetzt

Em7 A G/A

ist Wüs - ten - zeit.

weiter ab Refrain

2.
Du kannst viel entdecken,
jetzt ist es so weit:
spielen, fühlen schmecken,
Abenteuerzeit.

3.
Wir sind auf der Suche,
gemeinsam können wir:
spielen, fühlen, schmecken,
jetzt ist Wüstenzeit.

 Das Lied kann hier angehört werden:

Das Zeitreise-Ritual

Nun ist es so weit: Die Kinder haben das einladende Lied „Bibelabenteuer“ gesungen und sind am Erzählort angekommen. Hier wartet ein Platz (z. B. ein Sitzkissen) auf sie. Sie reisen nun zu Samu und Isa, die in der Zeit Davids leben. Samu ist jünger als David, aber er ist mit ihm befreundet und lernt von ihm viele Tricks, nicht nur zum Schafehüten.

Zeitreise für Krippenkinder

Die Reise dorthin kann als kleines Flugritual gestaltet werden: Die Kinder breiten die Arme wie die Tragflächen eines Flugzeugs aus und drehen sich einmal um sich selbst. Oder sie fliegen als Flugzeug einmal im Kreis herum, bis sie wieder an ihrem Sitzkissen ankommen.

Dort erhalten sie schlichte Gewänder, aus einem Streifen Stoff geschnitten, mit einer Aussparung für den Kopf und einer Kordel, die um den Bauch gebunden wird. Diese Gewänder können dann immer wieder, nach jeder Zeitreise und während jeder Erzähl- und Spieleinheit getragen werden. Am Ende jeder Erzähleinheit treten die Kinder natürlich dann auch wieder ihren „Rückflug“ an mit: „Aufstehen, dreh dich zweimal um dich selbst und sei zurück im Hier und Jetzt.“

Zeitreise für Kindergarten- und Vorschulkinder

Die Einladung zu einer ausführlichen Flug-, Fantasie- und Zeitreise findet statt, indem die Kinder auf Kissen, die bereits vor ihrem Eintreffen ausgelegt wurden oder die sie selbst mitbringen, Platz nehmen. Sie versammeln sich hinter der Pilotin bzw. dem Piloten (pädagogische Fachkraft) und zwar so, dass sie – wie in einem Flugzeug – in Reihen sitzen. Nachdem sie dann in der Vergangenheit angekommen sind, bilden sie mit ihren Sitzkissen einen Kreis.

Die pädagogische Fachkraft beginnt mit ruhiger Erzählstimme: *„Wir befinden uns in* (Name des Ortes nennen) *am Flughafen, sind gerade in das Flugzeug eingestiegen und haben Platz genommen. Ist dein Sitz auch wirklich bequem?“* Alle rutschen nun einige Sekunden auf dem Platz hin und her, um die perfekte Sitzposition zu finden.
Die Fachkraft imitiert einen Lautsprecher: *„Liebe Kinder, herzlich willkommen auf dem Flug nach Israel, der Flug dauert vier Stunden, schnallt euch bitte an, das Flugzeug startet in wenigen Minuten.“*
Die Fachkraft mit ruhiger Erzählstimme und die Bewegungen vormachend: *„Du bist schon ganz aufgeregt und kribbelig, mit einem kleinen Ruck fährt das Flugzeug los. Du schaust nochmal aus dem Fenster und winkst zum Abschied. Das Flugzeug wird immer schneller und dann hebt es ab, du wirst richtig in den Sitz gedrückt und hältst dich rechts und links fest. Die Häuser unten auf der Erde sehen schon wie kleine Spielzeuge aus. Du selbst bist wie das Flugzeug und breitest deine Arme weit aus. Du fliegst eine scharfe Kurve und berührst mit der Hand fast den Boden. Dann werden deine Arme ganz ruhig …“* (kurze Pause)

Aus der Kita-Praxis

Tipp: Wenn Sie eine Klangschale verwenden, finden die Kinder leichter von der Bewegung des Flugzeugs zurück zur Ruhe.

„Uns war es wichtig, bei der Zeitreise die Selbstverantwortung und das Ruhigwerden der Kinder zu fördern: Erst wenn wir nichts mehr hören – der Ton der Klangschale vorbei war, sind wir in Israel angekommen, ist das Flugzeug gelandet oder sind wir wieder zurück in der Kita."
(Christina Wasserkort, Erzieherin, Kath. Kita St. Michael, Sennelager)

Die Fachkraft imitiert einen Lautsprecher: *„Bling! Wir haben nun die gewünschte Flughöhe erreicht, du kannst dich jetzt abschnallen." (kurze Pause) Die Fachkraft fährt mit ruhiger Erzählstimme fort: „Die Stewardess bringt dir einen Orangensaft und du freust dich über die Wolken, die rechts und links an dir vorbeiziehen. O, ein Luftloch ... und noch eins ...! Endlich – das Flugzeug fliegt ganz ruhig und ohne es zu merken, schließt du die Augen und schläfst ein. (kurze Pause)*
Das Flugzeug macht aber nicht nur eine Reise, nein, es ist eine ganz besondere Reise, es ist eine Zeitreise. (kurze Pause) Viele, viele Jahre zurück in die Vergangenheit ... (kurze Pause) vier Jahre zurück ... du bist noch ein kleines Baby (kurze Pause) ... zwanzig Jahre zurück ... deine Eltern sind noch klein, dich gibt es noch gar nicht (kurze Pause) ... hundert Jahre zurück (kurze Pause) ... fünfhundert Jahre zurück ... (kurze Pause) Es gibt keine Straßen, keine Autos, kein Handy, kein Radio, keinen Fernseher, keine Kita und noch nicht mal Zahnpasta ... (kurze Pause) Doch die Reise geht noch viel weiter ... (kurze Pause) tausend Jahre zurück ... (kurze Pause) zweitausend Jahre zurück." (kurze Pause)
Die Fachkraft imitiert einen Lautsprecher: „Meine Damen und Herren, in wenigen Minuten werden wir landen, anschnallen bitte."
Die Fachkraft spricht mit ruhiger Erzählstimme weiter: *„Wieder wirst du in den Sitz gedrückt und du bist noch aufgeregter als beim Start. Was dich wohl erwartet? Im Bauch kribbelt es ganz stark. Mit einem Wums und einem kleinen Hüpfer setzt das Flugzeug*

auf. Schnell schnallst du dich ab und kannst es kaum erwarten, aus dem Flugzeug zu kommen, denn draußen erwartet dich jetzt eine völlig andere Gegend: Wüste, Sand, Hitze – die Sonne brennt. Die Menschen tragen weite Gewänder und Tücher auf dem Kopf. Da! Menschen reiten auf Eseln und Kamelen mit Gepäck beladen und du reitest mit ihnen, noch einmal tausend Jahre zurück ... (kurze Pause) und da liegt es vor dir – das Ziel deiner Reise: Du bist in Israel, dem Land, in dem Samu und Isa leben." (Hier erwarten Samu und Isa und der Wüstensack die Kinder.)

Nun erhält jedes Kind ein schlichtes Gewand (s.o.), das es, wenn es dies möchte, während der folgenden Erzählung anbehält. Am Ende jeder Erzähleinheit stehen die Kinder wieder auf, drehen sich zweimal um die eigene Achse und sind wieder zurück im Hier und Jetzt.
Das Zeitreise-Ritual kann beliebig gekürzt oder auch ausgeweitet werden. Achten Sie dabei auf das Interesse der Kinder. Was wiederholen sie im Alltag? Wiederholen sie das Fliegen des Flugzeugs, das Bauchkribbeln, die Reise zurück und das Aufzählen der Dinge, die es damals noch nicht gab? Ihre Kinder werden sehr fantasievoll mit dem Reiseritual umgehen. Sie werden eine tatsächliche Reise weg von der Kita durch die Zeit zurück machen – und dies auch sehr ernst nehmen.

Tipp: Sollten die Kinder sehr unruhig oder aufgedreht sein, können Sie auch Bewegungselemente in die Zeitreise einbauen (zum Flugzeug rennen, Treppe hochklettern, mit den Armen im Wind rudern), damit sich die Kinder vorab etwas auspowern und dann entspannt (evtl. mit Hilfe des Klangs einer Klangschale) in der Wüste ankommen können.

Der magische Erzählort „Wüste“

Sand ist ein wunderbares Element. Viele Menschen sehnen sich in ihrem oft hektischen und lauten Alltag nach diesem besonderen und entspannenden Gefühl, das sich einstellt, wenn man mit nackten Füßen durch Sand läuft. Um dieses Gefühl zu erzeugen und lebendig werden zu lassen, braucht es mehr, als nur das Betrachten eines Wüsten-Bildes. Die Wüste zu riechen, Sand mit den Händen zu fühlen oder sogar die Zehen hineinzutauchen – und das mitten in der Kita –, das ist eine Erfahrung, die die Kinder so schnell nicht vergessen werden!
Geben Sie den biblischen Erzählungen einen Schauplatz – den Schauplatz, der die alten Geschichten so magisch macht, wie sie in der damaligen Zeit waren: die Wüste.
Jede Erzählung braucht ihre Bühne, auf der sie für die Zuschauer*innen lebendig werden kann. Das Land Israel vor dreitausend Jahren und damit die Wüste und Steppe mit ihren vielen Gesichtern ist der Schauplatz, an dem die Kinder Samu und Isa begegnen. Die Wüste bildet sozusagen die Basis, von der aus alles erbaut und gedacht werden kann.
Der Erzählort Wüste ist der Start- und Endpunkt. Die Fotos auf den folgenden Seiten zeigen anschaulich, wie sich dieser Ort entwickeln und wie die biblische Zeit für die Kinder zum Leben erweckt werden kann.
An diesem Ort sind die Kinder hineingenommen in die Lagerfeuer-Situation: Samu erzählt den Kindern das, was er selbst am Lagerfeuer gehört hat. Immer dann, wenn er von etwas Vergangenem erzählt, findet diese sog. „Minisequenz“ in einem durch eine Kordel oder einen Pfeifenputzer abgetrennten Bereich der Wüste statt.

Praxistipp: Begrüßen, Dasein und Verabschieden

Lassen Sie sich Zeit, mit den Kindern am Erzählort anzukommen, die neue Situation zu begrüßen. Deshalb finden Sie auch zu Beginn jeder Erzählung ein Begrüßungselement, welches immer wiederkehrt. Denn auf diese Weise ebnen Sie den Kindern den Weg in die Beziehung mit dieser biblischen Erfahrung. Ein wichtiger Faktor (nicht nur) in der Religionspädagogik ist vor allem das Dasein. Denn wenn ich – ob als Kind oder Erwachsener – zu etwas eine Beziehung aufgebaut habe, hat es Raum in meinem Leben. Diesen Raum möchte ich erkunden und sinnhaft erleben. Für Kinder braucht es dazu das Freispiel. Wenn Sie sich darin mit der Geschichte ausgelebt haben, darf diese nicht einfach schnell wieder gehen. Auch das Verabschieden will einen Platz haben, ob durch ein Lied oder durch gemeinsames Tun.

Grundausstattung und Material für alle Geschichten

Für die Umsetzung der Geschichten in diesem Buch ist in der Regel kein zusätzliches Material erforderlich. Nutzen Sie Ihre bestehenden Ressourcen und suchen Sie gemeinsam mit den Kindern nach passenden Alltags- und Naturmaterialien. Die Schäfchen der Weihnachtskrippe können hier ebenso eingesetzt werden, wie der Kieselstein von der Außenanlage.

Aus der KITA-Praxis

Aus der Kita-Praxis

„Für dieses Bibelabenteuer mussten wir nicht einkaufen oder brauchten zusätzlichen Platz in der Kita. Mit Alltagsmaterialien konnten alle Kinder jeden Alters ihre Bezüge herstellen. Es war eine Freude zu sehen, wie sie die Geschichten in ihr Freispiel getragen haben.“
(Michaela Meyer, Kitaleiterin, Kath. Kita St. Michael, Sennelager)

Mit der folgenden Material-Auflistung können Sie alle Geschichten in diesem Band ausstatten. Die Dinge, die jeweils zusätzlich notwendig sind, stehen jeweils am Anfang der einzelnen Kapitel.

- Wüstensack (Vorlage, s. Godly Play; Schnittmuster unter: www.godlyplay.de/images/stories/Materialien/wstensack_rechteckig.pdf)
- alternativ: großes Leinentuch oder Plastikkiste (z. B. aus Pflanzset) als Wüstenkiste
- 2 kg Vogelsand oder Sand aus dem Kitasandkasten (Quarzsand/Baumarkt)

- Stoffstreifen: grün, braun, blau, schwarz
- rotes Seil oder Band, Pfeifenputzer oder Kordel zum Abtrennen von Szenen
- Schafe aus der Kinderkrippe
- Bauklötze oder Streichholzschachteln für Häuser, Dörfer oder Städte
- drei Figuren, die den Hirtenjungen Samu, seine Hündin Isa und den Hirten und König David darstellen (z. B. Erzähltasche von Don Bosco Medien mit Hirte, Schafen, Stoffstreifen, Pfeifenputzer, Boot, Holzklötze, Engel u.v.a.m. – www.donbosco-medien.de/meine-grosse-bibel-tasche/t-1/3831)

Tipp: Bieten Sie den Kindern eine Wüstenkiste mit Deckel an, denn diese kann auch im Raum verbleiben und bei Bedarf und auf Wunsch der Kinder immer wieder hervorgeholt werden.

Ablauf einer Erzählung – Blick in die Wüste

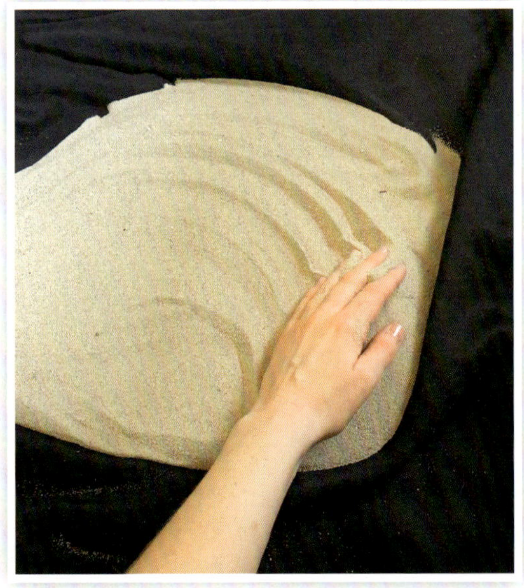

Öffnen Sie den Erzählort und streichen Sie mit langsamen Bewegungen den Sand glatt. „Herzlich willkommen in der Wüste!"
Spielen Sie mit dem Sand, lassen Sie die Kinder teilhaben und erzählen Sie dazu:
„Die Wüste ist ein ganz spannender Ort, sie ist riesengroß und es gibt viel zu entdecken. Die Wüste hat nämlich viele Gesichter. Manchmal ist sie ganz trocken und staubig. An einigen Stellen gibt es Wasser, dann duftet es stark und es kann sogar etwas Grünes wachsen. Besonders schön an der Wüste ist, dass sie aus vielen kleinen kostbaren Stein-

chen besteht. Wenn du ein bisschen Wüste in die Hand nimmst, kannst du sehen, dass sie eigentlich ganz vielfältig und bunt ist.“
Dann fügen Sie der Wüste die Figuren und das Material hinzu, die den Schauplatz der Geschichte ausmachen. Zeigen Sie dabei alle Elemente einzeln und liebevoll. Lassen Sie sich Zeit. Wichtig dabei ist, die Figuren mit Blickrichtung zu den Kindern aufzustellen, die im Halbkreis um den Erzählort sitzen.

Schauplatz aus Ihrer Sicht:

Schauplatz aus der Sicht der Kinder:

Wenn Samu von alten, also aus seiner Sicht vergangenen Geschichten erzählt, wird ein kleinen Teil der Wüste mit einem roten Band, einer Kordel oder einem Pfeifenputzer abgetrennt – so entsteht eine Miniaturszene. Dort wird dann die Erzählung von Samu lebendig. Dabei sollte sich das Geschehen auch optisch durch die Materialwahl von Samus Welt unterscheiden. Dazu können Sie in der Kita vorhandene Figuren oder auch Naturmaterial verwenden, zum Beispiel: Abraham

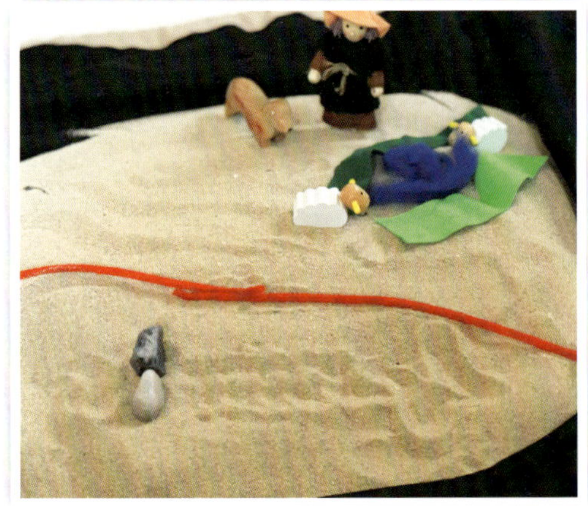

und Sarah mit Holzfiguren und Holzsternen, mit Kieselsteinen und Fingerabdrücken; die Arche als Boot mit Figuren aus der Kinderkrippe oder aus Holzstücken gelegt, mit Kieselsteinen als Menschen und Tiere.

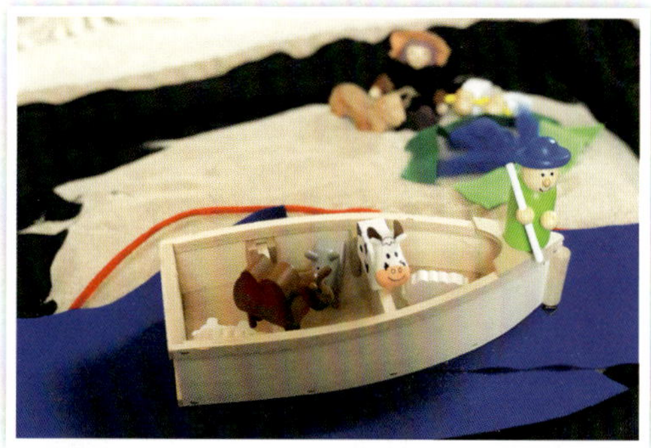

Wird eine Geschichte erzählt, die zu Samus Lebzeit spielt, d. h. wenn er sie selbst miterlebt, so fällt die Miniaturszene natürlich weg, wie beispielsweise bei Davids Kampf gegen den Riesen Goliat:

Für Kinder unter drei Jahren

Gehen Sie bei Kindern unter drei Jahren in kleineren Schritten vor. Am besten unterteilen Sie die Begegnung mit dem Wüstenort in drei Einheiten:

1. Einheit: Kinder sichten und befühlen das Material.
2. Einheit: Sie bespielen das Material.
3. Einheit: Sie erfahren und erleben die Wüste als Ort der Geschichte.

Der Geschichtenbeutel und die Herz-Fragen

Samu trägt an seinem Gürtel einen Beutel. Bei wichtigen Ereignissen oder immer dann, wenn er am Lagerfeuer eine spannende Geschichte gehört hat, sammelt er etwas davon für seinen Beutel. Dies erinnert ihn an das Wichtigste der Geschichte. Auch die Kindergruppe hat ein solches Säckchen oder bastelt sich eine Schatzkiste. Dort legen die Kinder hinein, was ihnen persönlich an der Geschichte wichtig ist. Dieser Beutel spielt natürlich am Ende jeder Geschichte eine Rolle. Das Ziel dabei: sich zu erinnern und sich darüber klar werden, was die Geschichte mit mir und meinem Leben zu tun hat.

Praxistipp

Die drei Herz-Fragen entspringen der im Ansatz „Gott im Spiel" fest verankerten Ergründungsphase. Diese schließt sich in jeder Einheit an die Präsentation der Geschichten an. Weitere Infos dazu unter: www.donbosco-medien.de/gott-im-spiel-handbuch-fuer-die-praxis/t-1/3290.

Nachdem Sie, ganz auf die Geschichte konzentriert, für die Kinder eine alte Erzählung in der Wüste zum Leben erweckt haben, treten Sie in eine möglichst tiefe Interaktion mit den Kindern. Sie stellen ihnen keine Wissensfragen, sondern Herz-Fragen. Diese machen es den Kindern leicht, in Beziehung mit der Geschichte zu treten oder zu entdecken, wo schon eine Anbindung stattgefunden hat. Wichtig dabei ist, dass die Antworten auf diese Fragen wertschätzend und freudig entgegengenommen und nicht bewertet werden. Bei den Antworten gibt es selbstverständlich kein Richtig oder Falsch. Es ist auch hilfreich, wenn Sie gleichzeitig auf die Orte bzw. Figuren zeigen, über die die Kinder erzählen, oder Situationen durch das Spiel wiederholen. Folgende Herz-Fragen können gestellt werden:

1. Herz-Frage: „Was hat dir am besten gefallen?"
2. Herz-Frage: „Was ist wohl das Wichtigste in der Geschichte?"
3. Herz-Frage: „Kennst du das? Hat das etwas mit deinem Leben zu tun?"

Für Kinder unter drei Jahren

Für Unter-Dreijährige ist es ausreichend, nur die erste Herz-Frage zu stellen. Die Kinder können auch auf das, was sie mögen, zeigen.

Die letzte Frage kann inhaltlich durch weitere Ergründungsfragen ergänzt werden, z. B. bezogen auf den Geschichtenbeutel. Dies kann sowohl bei älteren Kindern, die gerne erzählen wollen, hilfreich sein, als auch bei jüngeren Kindern, die vielleicht noch einige Impulse brauchen. Beispiele dazu finden Sie jeweils im Anschluss an die Geschichten. Der Beutel kann auch zum Morgen- bzw. Abschlusskreis oder zu Beginn einer Geschichteneinheit zur Reflexion der Lebensthemen und der Geschichten genutzt werden. Helfen kann dabei die Frage: „Was kommt in deinen Geschichtenbeutel, damit du dich an die Geschichte erinnerst?"

Aus der Kita-Praxis

„Wir haben in unserer Kita zwei Projektwochen mit insgesamt fünf Geschichten durchgeführt. Daran waren sechzehn Kinder zwischen drei und sechs Jahren in zwei Gruppen beteiligt. An jedem Morgen haben sie sich sehr auf Samu und Isa gefreut und auch angemeldet, dass sie bereits im Morgenkreis von ihnen hören wollen. Der Geschichtenbeutel war der Hit – es musste immer gefüllt werden."
(Nina Gießner und Christina Wasserkort)

„Erzähl mir von Abenteuern" – Vorlagen zum freien Erzählen und Spielen

Der magische Erzählort – die Wüste – ist geöffnet. Hier starten Sie und die Kinder nach der abgeschlossenen Zeitreise (s. Seite 24ff.) immer wieder neu zu einem Abenteuer mit dem Hirtenjungen Samu und seiner Hündin Isa. Nehmen Sie dabei möglichst keinen Blickkontakt mit den Kindern auf, damit sich alle im Raum voll auf die Mitte, die Wüste, und die Geschichte konzentrieren können.Tauchen Sie gemeinsam mit den Kindern ein in Samus Welt, aus dessen Perspektive die Geschichten erzählt werden.

Der Einsatz von Gesten

Schnell werden Sie bemerken, dass während Ihres Erzählens und Spielens nicht nur die einfachen Worte und das elementare Material eine Rolle spielen – beides ist natürlich Träger der Geschichte. Was die Kinder jedoch nachhaltig bewegt, sind Ihre Hände und die Gesten, die Sie damit ausführen (vgl. dazu: M. Steinhäuser, U. U. Kaiser, U. Lenz, E. Simon: Gott im Spiel. Handbuch für die Praxis, Don Bosco Medien/Calwer, München 2018). Schnell werden selbst die Jüngsten oder Kinder mit einer Sprachbarriere über Ihre Handhaltung erkennen, dass z. B. Gott im Spiel ist (segnend schwebt die Hand über einer Figur) oder Streit unter den Menschen herrscht (eine Faust wird gezeigt).
Natürlich werden Sie passend zu jeder Szene der Erzählung ein Angebot an Gesten finden. Wählen Sie die Handlung aus, die am besten zu Ihnen passt, die ehrlich ist und die Sie selbst mögen. Denn nur so wirkt es auf die Kinder authentisch. Wichtig dabei: Haben Sie einmal eine Geste verwendet, bleiben Sie dabei! Ist z. B. der Ort der Begegnung mit Gott einmal ein „spitzes Dach" und ein anderes Mal wiederum eine „runde

Höhle“, werden sich die Kinder weniger damit identifizieren können bzw. es wird sie verunsichern.

Für Kinder unter drei Jahren

Alle folgenden Geschichten eignen sich aufgrund der elementaren Sprache und Gestenauswahl auch für jüngere Kinder. Deshalb ist das Erzählen in altersgemischten Spielgruppen sehr gut möglich. Der Austausch und das Spiel im Anschluss an die Geschichte wird natürlich etwas anders ablaufen als bei Kindern, die schon älter sind. Hier ist es wichtig, den Unter-Dreijährigen Raum für Ihre Ideen zu bieten: z. B. die Gruppe bei den Herz-Fragen verkleinern und mehrere Spielorte anbieten.

Eine Richtschnur dabei: Nicht mehr als acht Überdreijährige und Vorschulkinder bzw. vier Krippenkinder an einem Spielort (damit freies Sicht- und Spielfeld gewährleistet ist). Die Dauer einer Einheit, inklusive Zeitreise, sollte nicht länger als 25 Minuten sein. Die Spiellänge im Anschluss daran richtet sich nach den jeweiligen Vorlieben der Kinder.

1. Herzlich willkommen in der Wüste!

Nun ist es so weit: Die Kinder reisen zum ersten Mal in die Wüste. Dieser Ort will nun entdeckt und kennengelernt werden – Samu und Isa helfen den Kindern dabei. Sie erzählen von ihrem Lebensraum im Land Israel von vor dreitausend Jahren.

Lebensthemen der Kinder und Erzählanlässe

- neue Lebensräume, Naturphänomene entdecken
- sich auf Neues einlassen
- verreisen
- andere Länder und Kulturen

Material

- Wüstenort (s. Seite 28ff.)
- Samu und Isa, Schafe aus der Spielkrippe
- grüne, braune und blaue Stoffreste
- Zelt oder Stöckchen, um ein Zelt zu bauen
- evtl. Globus oder Atlas

Praxistipps

Richten Sie zusammen mit den Kindern Ihren Blick in die Mitte und lassen Sie sich Zeit, gemeinsam den neuen Erzählort zu begrüßen. Laden Sie die Kinder zunächst zum Fühlen und Riechen ein, dabei können Sie sich am Text orientieren. Am Ende der Erzählung und nachdem die Kinder die Herz-Fragen beantwortet haben, kann gemeinsam auf dem Globus oder im Atlas nach dem Land gesucht werden, in dem Samu lebt. Den Abschluss bildet das freie Spiel der Kinder mit der Wüste.

Erzähltext

Herzlich willkommen in der Wüste!

➾ *Einführung der Wüste mit haptischen Reizen für die Kinder: Sack oder Kiste öffnen und die Wüste langsam und vorsichtig ausbreiten. Während des Erzählens den Sand durch die Finger rieseln lassen, ihn mit den Handflächen verstreichen etc.*

Die Wüste ist ein ganz spannender Ort. Sie ist riesengroß und es gibt viel zu entdecken. Die Wüste hat nämlich viele Gesichter. Manchmal ist sie ganz trocken und staubig. An einigen Stellen gibt es auch Wasser,

➾ *Blauen Stoff dazulegen*

dann duftet es stark. Besonders schön an der Wüste ist, dass sie aus vielen kleinen kostbaren Steinchen besteht. Wenn du ein bisschen Wüste in die Hand nimmst, kannst du sehen, dass sie eigentlich ganz vielfältig und bunt ist.

➾ *Kindern genug Zeit lassen, um den Sand zwischen ihren Fingern zu spüren und daran zu riechen*

(Samu spricht) in dieser Wüste lebe ich – Samu.

➾ *Kindern die Figur zeigen, dabei auf die Figur blicken, die Figur im Sand abstellen*

Ich bin 5 Jahre alt und das ist meine Hündin Isa. Sie ist schon drei.

➾ *Kindern Isa zeigen (wie oben)*

Mit meiner Familie – und wir sind ganz schön viele: Mama, Papa, meine Geschwister, Onkel und Tanten, Omas und Opas – lebe ich als Nomade. Das bedeutet, wir sind immer unterwegs und suchen neue Plätze mit Kräutern, Pflanzen und Gras,

➾ *Samu und Isa durch die Wüste laufen lassen, grünen Stoff dazulegen*

wo sich unsere Tiere sattfressen können. Wir haben nämlich Schafe, Ziegen und sogar ein Rind.

➾ *Schafe hinzustellen*

Ohne Wasser würde es gar kein Grün geben in der Wüste.

➾ *Blaue und grüne Stoffstreifen dazulegen*

Wir müssen also immer nach Wasser suchen. Wenn die Tiere satt sind, dann geht es uns auch gut, denn wir brauchen ihre Milch und ihr Fleisch, um zu leben.

➾ *Schafe am Grün weiden lassen*

Es ist richtig toll, in einem Zelt zu wohnen.

➾ *Zelt hinzustellen oder aus Stöckchen bauen*

Alle sind zusammen und wenn es draußen kalt ist – nachts ist es immer kalt in der Wüste –, ist es drinnen kuschelig warm.

➾ *Mit den Händen Zelt über Isa und Samu formen*

Das Zelt ist so groß, dass darin sogar ein Feuer brennen kann. Tagsüber ist es furchtbar warm in der Wüste – sogar richtig heiß,

➾ *Sonnenstrahlen mit den Fingern imitieren*

dafür aber spenden die Zelte Schatten.

➾ *Mit den Händen Zelt über Isa und Samu formen, dann Zelt entfernen*

So ein Zelt lässt sich ja auch gut ab- und wieder aufbauen. Anders als ein Haus, das man ja schlecht mit auf die Reise durch die Wüste nehmen kann.

Herz-Fragen

Mit den Herz-Fragen am Ende der Geschichte können die Kinder das, was sie gehört haben, den Inhalt der Geschichte noch einmal reflektieren.

- Was hat dir am besten gefallen?
- Was magst du an der Wüste?
- Kennst du diesen Ort?

Den Abschluss bildet das freie Spiel mit der Wüste und den Figuren.

2. Hirte sein – wie Samu und David

Nach der erneuten Begrüßung der Wüste erleben die Kinder, wie Samus Alltag als Hirte aussieht. Sie erfahren, welche Aufgaben er hat, was er gerne mag, dass er mit David befreundet ist und was er von ihm gelernt hat. Der Geschichtenbeutel wird eingeführt und an die Kinder verteilt.

Lebensthemen der Kinder und Erzählanlässe

- andere Lebewesen beschützen
- Vorlieben leben
- Geschichten als Möglichkeit zu kommunizieren
- Kinderleben in einer anderen Welt
- Freundschaft

Material

- Wüstenort (s. Seite 28ff.)
- Samu und Isa, Schafe, Davidfigur, Bauklötze
- grüne, braune und blaue Stoffreste
- Zelt oder Stöckchen, um ein Zelt zu bauen
- Schäfchen, z. B. aus der Spielkrippe der Kita
- Teller mit Ziegen- oder Schafskäse
- Geschichtenbeutel für Samu und alle Kinder
- leere Streichholzschachteln oder Bauklötzchen als Gebäude

Erzähltext

Herzlich willkommen in der Wüste!

→ *Sack oder Kiste öffnen, die Wüste langsam und vorsichtig ausbreiten*

Heute treffen wir wieder Samu und Isa.

→ *Samu und Isa in den Sand stellen*

(Samu spricht) „Samu bin ich, gar nicht so klein, kann auch jetzt schon ein Hirte sein!“

→ *Samu hüpfen lassen*

Das singe ich immer vor meiner kleinen Schwester Maria, die Mama beim Käsemachen helfen muss. Dann klaue ich mir etwas Käse, der ist nämlich so lecker.

→ *Kindern Käse zeigen und probieren lassen*

Dann laufe ich, so schnell ich kann, und Isa überholt mich trotzdem.

→ *Samu und Isa laufen lassen*

Wir laufen zu den Schafen und suchen uns zusammen einen schönen grünen Platz aus.

→ *Schäfchen dazustellen, grünen Stoff dazulegen*

Das ärgert Maria noch viel mehr als meine ausgestreckte Zunge, weil sie eigentlich viel lieber Jungssachen machen würde. Bei uns ist es nämlich so, dass die Jungs lernen, was der Papa macht. Mein Papa ist natürlich Hirte.

→ *Hände über die Szene halten*

Die Mädchen helfen den Frauen, damit sie wissen, wie man sich gut um die Familie kümmert. Sie holen z. B. Wasser am Brunnen.

→ *Blauen Stoff dazulegen*

Hirte zu sein, ist toll! Ich sitze hier und passe auf, dass es den Schafen gutgeht. Ich kenne sie alle ganz genau und Isa hilft mir dabei.

→ *Alle Schafe berühren, danach Isa streicheln*

Wenn ein Schaf wegläuft, dann läuft sie hinterher und zeigt ihm den Weg zurück.

→ *Szene mit Isa-Figur und Schaf nachstellen*

Das macht Isa gut, sie ist ja auch meine beste Freundin.

→ *Isa nochmal streicheln*

Eigentlich bin ich aber ein Geschichtensammler.

→ *Geschichtenbeutel von Samu zeigen*

Immer wenn wir uns abends im Zelt treffen und die Männer und Frauen Geschichten von früher erzählen, höre ich genau zu. Damit ich nichts vergesse, packe ich immer etwas von der Geschichte in den Beutel.

→ *z. B. Steinchen zeigen*

Dann kann ich am nächsten Tag alles Wichtige meinen Schafen erzählen.

→ *Auf Samus Kopf zeigen*

Sie mögen es, wenn ich erzähle – irgendwie fressen sie dann besser.

→ *Wieder alle Schafe nacheinander berühren*

Einen solchen Beutel sollte jeder haben.

→ *Jedem Kind einen Beutel geben*

Manchmal treffe ich mich auch mit meinem Kumpel David.

→ *David einführen*

Das ist immer dann, wenn wir in der Nähe von Bethlehem sind.

→ *Häuser oder Haus mit Schachtel/Bauklötzen legen*

Denn da lebt David. Seine Familie hat ein Haus,

→ *Auf einen Klotz deuten*

und trotzdem macht er das, was ich mache, er ist auch ein Hirtenjunge.

→ *Die Hände über beide Figuren halten*

Seine sieben Brüder machen aber andere Dinge. Er ist schon ein bisschen älter als ich, deshalb kennt er noch viel mehr Geschichten. Die erzählt er gerne und singt auch dazu Lieder. Manchmal spielt er auf seiner Harfe für mich und ich spiele dazu Lieder auf Gras, kannst du das auch?

Herz-Fragen

Mit den Herz-Fragen am Ende der Geschichte können die Kinder das, was sie gehört haben, den Inhalt der Geschichte noch einmal reflektieren.

- Was hat dir am besten gefallen?
- Was magst du gerne?
- Machst du auch Dinge, die Samu macht?
- Was kommt in deinen Geschichtenbeutel, damit du dich an die Geschichte erinnerst?

Den Abschluss bildet das freie Spiel mit der Wüste und den Figuren.

3. Gerettet in der Arche

Die Kinder erleben mit Samu zusammen seinen Alltag. Er besucht mit seinen Schafen eine Wasserstelle. Die Kinder hören, dass Wasser in der Wüste ein kostbares Gut ist und dass Wasser Leben bringt bzw. überlebensnotwendig ist. Samu erinnert sich am Wasser an eine alte Geschichte, die er am Lagerfeuer gehört hat. Eine Geschichte, in der Wasser eine ganz andere Rolle spielt – sogar eine gefährliche. Tiere sind zusammengekommen und Noah hat mit Gottes Hilfe alle gerettet!

Lebensthemen der Kinder und Erzählanlässe

- die Rolle von Wasser reflektieren
- erfahren, was Wasser für andere Menschen und ihre Lebenssituation bedeutet
- Tiere schützen
- Schutz suchen
- Beziehung haben
- Gottes Macht und Rettung erfahren

Material

- Wüstenort (s. Seite 28ff.)
- Samu und Isa
- grüne, braune und blaue Stoffreste
- Schäfchen, z. B. aus der Spielkrippe der Kita
- rote Kordel zum Abtrennen von „Jetzt-Wüste" und „Erzählwüste"
- Geschichtenbeutel für Samu und alle Kinder
- blaues Tuch für die Flut
- Boot, Tiere und Noah-Figur oder Holzstäbchen (Boot) und Steine als Figurenersatz
- Stück blauer Stoff in Samus Geschichtenbeutel

Erzähltext

Herzlich willkommen in der Wüste!

→ *Sack oder Kiste öffnen, die Wüste langsam und vorsichtig ausbreiten*

Heute treffen wir wieder Samu und Isa.

→ *Samu und Isa in den Sand stellen*

(Samu erzählt) Heute ist ein besonders heißer Tag. Die Sonne brennt ganz stark,

→ *Hand über die Figuren halten und mit den Fingern Sonnenstrahlen nachahmen*

so sehr, dass die Luft richtig flimmert und man gar nicht weit schauen kann.

→ *Hand als Schutzschild vor Samus Augen halten*

Ein Glück, dass wir gestern eine Wasserstelle gefunden und in der Nähe unser Zelt aufgebaut haben.

→ *Wasserstelle aufbauen*

In einem Zelt gibt es natürlich Schatten, aber warm ist es darin trotzdem. Das Wichtigste für uns alle – die Menschen und die Tiere – ist jetzt das Wasser.

→ *Samu, Isa und die Schafe zur Wasserstelle wandern lassen*

Denn ohne Wasser kann es gar kein Leben geben.

→ *Blauen Stoff dazulegen*

Wir trinken das Wasser und es gibt uns Kraft. Wir kochen mit dem Wasser und können uns sogar damit waschen. Wie wunderbar erfrischend! Besonders Isa und meine Schafe freuen sich heute sehr, denn sie können sich den ganzen Tag die Pfoten und die Hufe abkühlen.

→ *Isa und Schafe auf den blauen Stoff setzen, Samu davor*

Wasser ist hier in der Wüste ganz selten und sehr, sehr kostbar. Regen gibt es hier zum Beispiel so gut wie nie!

→ *Mit Fingern Regen imitieren*

Jetzt, da ich hier so sitze, fällt mir natürlich auch eine Geschichte zum Wasser ein. Eine ganz andere Geschichte, in der es richtig viel Wasser gibt. Eine alte Geschichte, die vor langer Zeit passiert ist.

➔ *Mit roter Kordel ein Stück Wüste abtrennen*

Außerdem gibt es da einen riesigen Kasten aus Holz, ein Boot.

➔ *Boot (oder Baumaterial dafür) kurz zeigen, aber dann wieder hinter dem Rücken verstecken*

Und weißt du, warum ich das Boot so liebe? Ohne es gäbe es weder mich, Isa oder die Schafe.

➔ *Auf Samu, Isa und dann auf jedes Schaf zeigen*

Also – das war so: Vor ganz langer Zeit hat Gott die ganze Welt gemacht.

➔ *Erdkugel formen und einen großen Kreis um den Erzählort ziehen*

Er liebte seine Welt sehr und alles, was auf ihr lebt – das Wasser, die Erde, die Wüste, die Pflanzen und natürlich alle Tiere und die Menschen.

➔ *Nacheinander auf alles zeigen*

Doch dann bemerkte er, dass die Menschen seine Welt überhaupt nicht liebten. Sie waren nicht gut zueinander und nicht gut zu seinen Geschöpfen. Deshalb beschloss Gott, eine große Flut über die Welt zu senden. Sie sollte alles wegwaschen, damit die Welt von vorn beginnen kann.

➔ *Flut oder Welle mit der Hand/dem Arm zeigen*

Aber Gott sah eine gute Familie: die Familie von Noah.

➔ *Noah hinzustellen*

Diese Familie glaubte fest an Gott und Gott war immer bei ihnen.

➔ *Mit Händen Zelt, Dach oder Höhle als Ort der Begegnung über Noah formen*

Und so erzählte Gott Noah, was er tun sollte. Noah sollte eine Arche bauen – einen großen Kasten aus Holz – ein Boot. In dieser Arche sollten er, seine Familie und alle Tiere der Welt vor der großen Flut geschützt sein. Das tat Noah natürlich. Er baute die Arche.

⇛ Arche – wenn möglich – in einzelnen Teilen hinstellen

Und während er sie baute, kamen Tiere von überall her. Immer ein Junge und ein Mädchen.

⇛ Wenn alles steht, Tiere von vier Richtungen kommen lassen. Zunächst alle Tiere im Kreis aufstellen. Wenn alle versammelt sind, das erste Paar in die Arche gehen lassen

Und die Tiere kletterten in die Arche. Zuerst die (...), dann die (...) usw.

⇛ Namen der Tiere nennen; für Unter-Dreijährige: Tiergeräusche machen

Als alle Tiere sicher im Boot waren, stieg auch Noah mit seiner Familie ein.

⇛ Noah hineinstellen

Als die Arche verschlossen war, ließ Gott es regnen. Es regnete und regnete. Zuerst bildeten sich Pfützen – kleine und große –, die immer größer und zu richtigen Seen wurden, bis die ganze Welt von Wasser bedeckt war.

⇛ Regen mit den Fingern imitieren; Pfützen und Seen zeigen, blaues Tuch über Wüste legen

Und die Arche schwamm auf der großen Flut.

⇛ Arche hochnehmen und in der Luft „schwenken"

Gott ließ es regnen und regnen. 40 Tage und 40 Nächte ließ Gott es regnen. Die Tiere und Menschen hatten am Anfang Angst, aber sie wussten, dass Gott bei ihnen ist.

⇛ Arche nicht mehr bewegen

Endlich hörte der Regen auf. Aber alle in der Arche mussten noch etwas warten, denn überall war Wasser.

⇛ Noah auf die Arche stellen und Hände wie Fernrohr formen

Noah hielt Ausschau und schickte auch eine Taube los, denn die konnte viel besser als er nach Land suchen.

⇛ Mit den Händen von der Arche weg- und wieder zurückfliegen (auch Taubenfigur kann verwendet werden)

Die Taube brachte Noah einen Zweig mit und zeigte ihm den Weg zum Land. Gott half der Arche mit viel Sonne und Wind.

➡ *Sonne und Regen imitieren, blaues Tuch langsam wegziehen*

Endlich auf dem Trockenen, konnten die Menschen und die Tiere aussteigen.

➡ *Boot auf braunem Tuch und alle nacheinander mit Tiergeräuschen (U3) aussteigen lassen.*

Alle freuten sich sehr, dass sie gerettet waren. Sie lachten, trompeteten, wieherten und piepsten. Was haben Sie wohl noch gemacht?

➡ *Auf alle im Kreis zeigen*

Das freute Gott sehr. Als Zeichen, dass es nie wieder eine Flut gibt, ließ er die Sonne scheinen und es gleichzeitig regnen. Wisst Ihr, was dann passiert ist?

➡ *Regenbogen zeigen, in die Luft zeichnen oder auch davon erzählen*

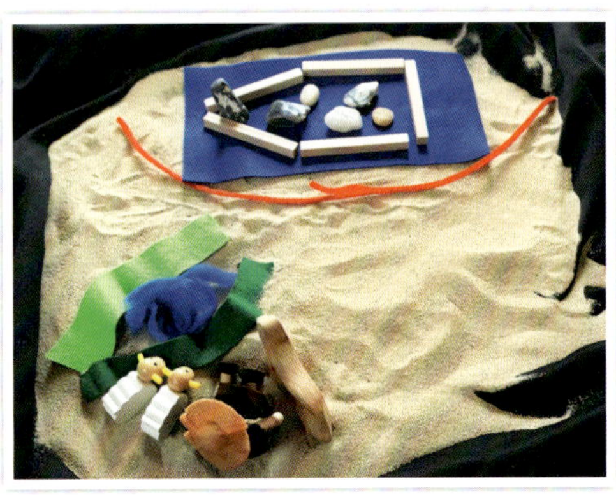

 Herz-Fragen

Mit den Herz-Fragen am Ende der Geschichte können die Kinder das, was sie gehört haben, den Inhalt der Geschichte noch einmal reflektieren.

- Was hat dir am besten gefallen?
- Was magst du gerne?
- Hast du so etwas schon mal gehört?
- Hast du auch schon einmal einen Regenbogen gesehen?
- Was kommt in deinen Geschichtenbeutel, damit du dich an die Geschichte erinnerst?
- Was hat wohl Samu in seinem Geschichtenbeutel? Zunächst die Kinder fragen, dann auflösen: Samu hat ein Stück blauen Stoff darin! Warum wohl?

Den Abschluss bildet das freie Spiel mit der Wüste und den Figuren.

4. Die Sprachen der Menschen – der Turmbau zu Babel

Samu trifft seinen älteren Freund David, den jetzigen Hirtenjungen und späteren König. Denn gerade ist seine Familie in der Nähe der kleinen Stadt Betlehem. David ist, obwohl noch sehr jung, schon sehr weise und kennt viele Geschichten. Die beiden unterhalten sich und denken über die Sprache der Menschen nach. David erzählt eine alte Geschichte, in der von einem Turmbau berichtet wird. Der ist am Ende schiefgegangen, weil die Menschen sich und Gott nicht verstehen konnten. Die Kinder hören von Vielfalt, Sprachen und dem Schatz der Unterschiedlichkeit.

Lebensthemen der Kinder und Erzählanlässe

- Gemeinsamkeiten bzw. Gemeinschaft
- sich trennen, Trennendes, Unterschiede
- Sprache
- Interkulturalität
- Interreligiosität
- Beziehung zu Gott
- miteinander handeln
- Partizipation

Material

- Wüstenort (s. Seite 28ff.)
- Samu, Isa und David
- Klötzchen für Bethlehem, grüner Stoffrest, Schafe
- roter Pfeifenputzer (in Herzform)
- rote Kordel zum Abtrennen von „Jetzt-Wüste“ und „Erzählwüste“
- blauer Stoffrest
- Menschenfiguren oder stattdessen Steine
- Bausteine für den Turm
- Geschichtenbeutel für Samu und alle Kinder
- Bauklotz in Samus Geschichtenbeutel

Erzähltext

Herzlich willkommen in der Wüste!

➡ *Sack oder Kiste öffnen, die Wüste langsam und vorsichtig ausbreiten*

Heute treffen wir wieder Samu und Isa.

➡ *Samu und Isa in den Sand stellen*

(Samu erzählt) Auf heute habe ich mich schon ganz lange gefreut.

➡ *Arme von Samu in die Luft strecken, tanzen oder hüpfen lassen*

Denn heute werde ich endlich meinen Freund David wieder sehen.

➡ *David entfernt von Samu dazustellen*

Es kommt mir wie eine Ewigkeit vor, dass wir das letzte Mal in der Nähe der Stadt Bethlehem waren.

➡ *Klötzchen neben David aufstellen*

Dort wohnt David und hütet auf den Weiden neben der Stadt seine Schafe.

➡ *Grünen Stoff legen und Schafe aufstellen*

Das mache ich heute auch und dort treffen wir uns.

➡ *Samu und Isa gehen zu David*

Heute sind hier aber viele Leute unterwegs, sie tragen ganz seltsame Kleider und ich kann ihre Sprache nicht verstehen.

➡ *Steine als Figuren setzen; Samu zu David drehen*

Kennst du die Leute, David? *(David sagt)* Ach, hier in Bethlehem kommen immer wieder Reisende vorbei, um zu übernachten. Manchmal von so weit her, dass sie eine andere Sprache sprechen.

➡ *David zu Samu drehen, Figuren laufen lassen*

(Samu fragt) Warum sprechen die Menschen nicht alle eine Sprache, das wäre doch so viel einfacher!

➡ *Samu bewegen*

(David meint) Das kann ich dir sagen – setz dich mal gemütlich hin und spitze die Ohren. Ich erzähle es dir.

➾ *Samu und David hinsetzen*

Die Geschichte spielt vor langer Zeit

➾ *rote Kordel als Trennung in den Sand legen*

an dem breiten Fluss Euphrat.

➾ *Blauen Stoff legen*

An seinem Ufer wohnen viele Menschen.

➾ *Menschen hinzustellen*

Alle können einander verstehen, denn sie sprechen eine gemeinsame Sprache. Da schlägt einer von ihnen vor: „Lass uns eine Stadt bauen!"

➾ *Eine Figur hochheben*

Das finden alle gut und haben auch gleich ganz viele Ideen.

➾ *Auf alle zeigen*

Der eine findet, die Stadt sollte einen Turm haben, der bis zum Himmel reicht.

➾ *Einen Turm in der Luft andeuten*

Ein anderer will eine Treppe bauen, die bis zu Gott führt.

➾ *Treppensteigen imitieren*

Alle sind sich einig, dass sie die größte Stadt bauen werden. Die anderen Menschen sollen sie alle für die Besten halten und über sie staunen.

➾ *Auf alle zeigen*

Sie wollen die Stadt „Babel" nennen. Sie legen los, setzen Stein auf Stein

➾ *Turm bauen und dabei erzählen*

und die Stadt wird größer und größer, der Turm höher und höher und die Menschen bilden sich viel darauf ein. Sie denken überhaupt nicht mehr an Gott, manche halten sich sogar selbst für Gott. Das findet Gott gar nicht gut

→ *Hände über Turm halten*

und er beschließt, die Menschen zu verwirren,

→ *Wirbelnde Handbewegung über dem Turm machen*

damit sie nicht mehr an ihrem Turm weiterbauen können. Gott spricht: „Jeder soll eine andere Sprache sprechen!"

→ *Hand über Turm halten*

Und so war es dann auch! Keiner konnte den anderen verstehen und sie konnten keine Pläne mehr schmieden. Sie konnten den Turm nicht fertigbauen.

→ *Menschen von Turm wegsetzen*

Natürlich macht es gar keinen Spaß, mit jemanden zusammenzuleben, den man überhaupt nicht versteht. Also trennten sich die Menschen, kamen nur noch mit denen zusammen, die sie verstehen konnten,

→ *Kleine Grüppchen bilden und in unterschiedliche Richtungen wegsetzen*

und verteilten sich auf die unterschiedlichen Länder. *(Samu fragt)* Aber warum haben die Menschen denn nicht versucht, die unterschiedlichen Sprachen zu lernen?

→ *Samus Hände über den Kopf zusammenfalten*

(David antwortet) Das war so neu, dass sie gar nicht auf die Idee gekommen sind. Gott hat sie gründlich verwirrt.

→ *David um sich selbst drehen*

Heute aber wissen wir, wie spannend es ist, andere Sprachen zu lernen, um das Leben der Menschen in anderen Ländern besser zu verstehen.

→ *Davids Arme hochnehmen oder mit Pfeifenputzern ein Herz vor den beiden formen*

 Herz-Fragen

Mit den Herz-Fragen am Ende der Geschichte können die Kinder das, was sie gehört haben, den Inhalt der Geschichte noch einmal reflektieren.

- Was hat dir am besten gefallen?
- Was magst du gerne?
- Kennst du Menschen, die eine andere Sprache sprechen?
- Was kommt in deinen Geschichtenbeutel, damit du dich an die Geschichte erinnerst?
- Was hat wohl Samu in seinem Geschichtenbeutel? Zunächst die Kinder fragen, dann auflösen: Samu hat einen Bauklotz darin! Warum wohl?

Den Abschluss bildet das freie Spiel mit der Wüste und den Figuren.

5. Mit Abraham unterwegs

Die Kinder erleben mit Samu, was es bedeutet, umzuziehen bzw. immer unterwegs zu sein. Denn die Tiere finden kein Wasser und kein Gras mehr zum Fressen, sodass Samus Sippe einen neuen Standort suchen muss. Während er unterwegs ist, erzählt Samu den Kindern vom Normadenleben und von einem ganz besonderen Mann, mit dem alles begonnen hat – mit dem Samus Volk zum Volk Israel wurde. Die Kinder lernen Abrahams Geschichte kennen.

Lebensthemen der Kinder und Erzählanlässe

- unterwegs sein
- verreisen und neue Orte entdecken
- umziehen
- die Kita verlassen und in die Schule kommen
- Hoffnung, Segen
- Kinder bekommen, Geschwister haben, Familie und Verwandtschaft
- alt werden
- Gott begleitet

Material

- Wüstenort (s. Seite 28ff.)
- Samu und Isa
- grüne, braune und blaue Stoffreste, Zelt
- Holzklotz für die Stadt Bethlehem
- Schäfchen, z. B. aus der Spielkrippe der Kita
- rote Kordel zum Abtrennen von „Jetzt-Wüste“ und „Erzählwüste“
- Geschichtenbeutel für Samu und alle Kinder
- Holzsterne oder Papiersterne
- zwei Figuren (Abraham und Sarah)
- Stern in Samus Geschichtenbeutel

Erzähltext

Herzlich willkommen in der Wüste!

→ *Sack oder Kiste öffnen, die Wüste langsam und vorsichtig ausbreiten*

Heute treffen wir wieder Samu und Isa.

→ *Samu und Isa in den Sand stellen*

(Samu erzählt) Eigentlich liebe ich unser Leben.

→ *Zelt aufstellen, grünen Stoff auf blauen Stoff legen, dabei erzählen*

Ständig sehen wir neue Leute, neue Orte und neue Dinge, wir sind immer unterwegs.

→ *Samu umherwandern lassen*

Doch manchmal ist es auch ganz schön anstrengend. Denn wenn es uns irgendwo gefällt, aber kein Wasser zum Trinken oder kein Gras zum Fressen für die Schafe mehr da ist,

→ *Grünen und blauen Stoff entfernen*

müssen wir weiterziehen. Dann packen wir alles, was wir haben, ein, bauen unser Zelt ab und los gehts.

→ *Zelt zusammenpacken*

Deshalb lohnt es sich auch gar nicht, viele Dinge zu besitzen, weil man sie immer mit sich herumschleppen muss. Manchmal finden wir schnell einen neuen Platz, wo wir unser Zelt aufbauen können.

→ *Zelt aufbauen, grünen und blauen Stoff legen*

Doch manchmal müssen wir auch ganz schön weit gehen. Wie es wohl ist, in einem festen Haus zu wohnen – so wie David es tut?

→ *Holzklotz als Symbol für Bethlehem aufstellen*

Manchmal träume ich davon. Doch wenn ich das tue, erinnert mich mein Vater immer daran, dass auch Abraham immer unterwegs war.

→ *Abraham-Figur dazustellen*

Abraham ist ein ganz wichtiger Mann und deshalb bin ich auch gleich wieder stolz, dass wir immer unterwegs sind und ein Nomadenleben führen.

➡ *Rote Kordel als Trennung auf den Sand legen, Abraham auf der einen, Samu auf der anderen Seite aufstellen*

Abraham und seine Frau Sarah

➡ *weite Figur dazustellen*

leben sehr lange auf der Welt und haben schon weiße Haare. Sie mussten schon oft von zu Hause weg, z. B. weil die Menschen in ihrer Stadt gekämpft haben.

➡ *Faust zeigen*

Sie lieben Gott und hören ihm immer zu. Einmal hört Abraham Gott in seinem Traum.

➡ *Zelt, Dach oder Höhle als Ort der Begegnung über Abraham mit den Händen formen*

Gott sagt ihm: „Geh von zu Hause weg. Nimm deine Frau mit und alles, was du hast. Ich will dir einen Platz zeigen, wo du leben kannst." Natürlich macht Abraham, was Gott gesagt hat,

➡ *Abraham loslaufen lassen*

auch wenn Sarah, seine Frau, das gar nicht gut findet.

➡ *Sarah zunächst stehen lassen*

Die beiden sind schon so alt und unterwegs zu sein, ist sehr anstrengend. Doch Abraham tröstet Sarah, er erzählt ihr, was Gott noch gesagt hat:

➡ *Figuren nahe zusammenrücken und gemeinsam gehen lassen*

„Ich will dich segnen und du sollst ein Segen sein.

➡ *Segnende Hand über beide Figuren halten*

Ich will dir nur Gutes bringen und du sollst den Menschen Gutes bringen. Ich schenke euch eine Familie mit so vielen Kindern, wie Sterne am Himmel!"

➡ *Bogen in die Luft zeichnen – Himmel zeigen und dabei mit den Fingern winken*

„Aber wie geht denn das? Ich bin doch viel zu alt für Kinder!“, denkt Sarah.

➾ *Hand über Sarah halten*

Aber einen Sohn hat sie sich schon immer gewünscht. Ihr Herz wird ganz groß und sie geht voller Hoffnung

➾ *Stern vor Sarah legen*

mit Abraham dorthin, wo Gott es will. Gott hält sein Versprechen – er schenkt den beiden einen Sohn

➾ *Weiteren Stern vor die beiden legen*

und der bekommt wieder Kinder,

➾ *Sterne legen*

und auch die bekommen Kinder.

➾ *Weitere Sterne legen*

So viele, wie Sterne am Himmel sind.

➾ *Bogen in der Luft zeichnen und wieder mit den Fingern winken*

Abraham ist mein Ur-Ur-Ur-Urgroßvater. Ich bin also auch ein Stern.

➾ *Stern für Samu dazulegen*

Immer wenn ich nachts in den Himmel schaue,

➾ *Samu auf den Rücken legen*

muss ich an Abraham denken und auch immer dann, wenn wir so wie jetzt auf dem Weg sind.

➾ *Samu laufen lassen*

An Abraham denken alle anderen und ich sehr oft. Denn ohne ihn wären wir nicht das Volk Gottes!

➾ *Abraham liebevoll in die Hand nehmen*

 Herz-Fragen

Mit den Herz-Fragen am Ende der Geschichte können die Kinder das, was sie gehört haben, den Inhalt der Geschichte noch einmal reflektieren.

- Was hat dir am besten gefallen?
- Was magst du gerne?
- Ist dir das auch schon mal passiert?
- Warst du auch schon mal unterwegs oder bist umgezogen?
- Was kommt in deinen Geschichtenbeutel, damit du dich an die Geschichte erinnerst?
- Was hat wohl Samu in seinem Geschichtenbeutel? Zunächst die Kinder fragen, dann auflösen: Samu hat einen Stern darin! Warum wohl?

Den Abschluss bildet das freie Spiel mit der Wüste und den Figuren.

6. Träumen mit Jakob – Gott ist bei dir

Auch diese Geschichte hat etwas mit Sternen und der Nähe zum Himmel zu tun. Sie ist eine Einladung, einzutauchen in eine andere Welt. Die Kinder können mit Samu und seiner Familie am Lagerfeuer sitzen und auf dem Rücken liegend den weiten Sternenhimmel über der Wüste zu sehen. Sie können dann mit Jakob träumen und Gottes Nähe spüren. Samu wünscht sich, diese Erfahrung mit seinem Freund David teilen zu können. Doch leider dauert es noch etwas, bis sie wieder in der Nähe der sesshaften Familien sind.

Lebensthemen der Kinder und Erzählanlässe

- Sterne, Himmel, Nacht
- Einsamkeit, Trost
- träumen
- Gott ist bei mir
- Freundschaft

Material

- Wüstenort (s. Seite 28ff.)
- Samu, Isa und David, Zelt
- Kieselstein oder Figur für Jakob, optional: Engelsfigur
- rote Kordel zum Abtrennen von „Jetzt-Wüste“ und „Erzählwüste“
- Geschichtenbeutel für Samu und alle Kinder
- blaues Tuch
- Holzsterne oder Papiersterne
- Stein in Samus Geschichtenbeutel

Erzähltext

Herzlich willkommen in der Wüste!

➾ *Sack oder Kiste öffnen, die Wüste langsam und vorsichtig ausbreiten*

Samu und Isa warten schon auf uns.

➾ *Samu und Isa in den Sand stellen*

(Samu erzählt) Heute Abend treffen wir uns alle am Lagerfeuer – dann ist Geschichtenzeit

➾ *Zelt neben Samu stellen*

und ich als Geschichtensammler finde das natürlich besonders toll! Manchmal schauen wir, wenn wir Geschichten erzählen, einfach gemeinsam ins Feuer

➾ *Samu hinsetzen*

und wärmen uns an den Flammen und an den Erinnerungen. Manchmal aber legen wir uns auch auf den Rücken und schauen den Sternen beim Leuchten zu.

➾ *Samu auf den Rücken legen*

Das kannst du in der Wüste besonders gut, denn außer unserem Feuer gibt es hier gar kein Licht, das gegen die Sterne anleuchten kann. Der Himmel ist so klar, dass du alles ganz genau erkennen kannst. Überall Sterne – so viele, dass du sie nicht zählen kannst.

➾ *Holzsterne zeigen*

„Alle Sterne wollen uns den Weg zeigen", sagt mein Großvater. Mit Geschichten ist das genauso, finde ich.

➾ *Mit Fingern durch den Sand gehen*

Heute erzählt mein Großvater die Geschichte von Jakob und der Himmelsleiter:

➾ *Die Wüste mit der roten Kordel teilen*

Jakob hat seinen Bruder und seinen Vater angelogen.

➾ *Jakob an den Rand der Wüste stellen*

Nun hat er Angst, dass sie wütend sind und ihn bestrafen.

➡ *Faust zeigen*

Deshalb läuft er weg, weit weg von den Zelten – hinein in die Wüste. Er läuft die ganze Nacht und einen ganzen Tag lang.

➡ *Mit Jakob-Figur umherlaufen*

Am Abend ist er so müde, dass er sich dort, wo er in diesem Moment steht, einfach hinsetzt.

➡ *stehen bleiben oder setzen (Biegepuppe)*

Er ist ganz allein unter dem weiten Sternenhimmel,

➡ *blaues Tuch hinlegen*

hat nicht mal eine Decke, mit der er sich zudecken könnte

➡ *Sterne darauf streuen*

und fühlt sich sehr einsam. Er legt seinen Kopf auf einen Stein und schläft traurig ein.

➡ *Stein hinlegen und Josef darauf- oder davorlegen*

Im Traum sieht er eine Leiter.

➡ *Leiter in die Luft zeichnen*

Sie beginnt dort, wo er liegt und geht bis hinauf in den Himmel. Auf der Leiter steigen Engel zu ihm herunter und bringen Gottes Stimme mit:

➡ *Engelsfigur vom Himmel zu Boden führen und vor Jakob aufstellen*

„Ich bin der Gott von Abraham, ich bin auch dein Gott. Ich werde immer bei dir sein, egal, wo du hingehst. Und wenn du an mich glaubst, wirst du wieder sicher zu deiner Familie zurückkommen." Da wacht Jakob auf und hat am ganzen Körper Gänsehaut.

➡ *Jakob aufspringen lassen*

Sogar hier an diesem einsamen Ort ist er gar nicht allein.

➡ *Hand über Jakob halten*

„Gott ist hier, er war die ganze Zeit bei mir." Jakob nimmt den Stein, auf dem sein Kopf gelegen hat und stellt ihn so hin, dass er ihn immer wieder finden wird.

→ *Tuch entfernen und Stein als Altar aufstellen*

Denn wenn er sich wieder mit seiner Familie vertragen hat,

→ *Ineinander verschränkte Hände über Jakob halten*

möchte er zurückkommen und hier ein Haus für Gott bauen.

→ *Mit Händen ein Dach über dem Stein zeigen*

Er nennt den Ort „Bet-El", d. h. Gotteshaus. Er geht wieder zurück zu seiner Familie und weiß von da an, dass er niemals alleine ist.

→ *Jakob loslaufen lassen und gleichzeitig Hand über ihn halten*

(Samu sagt sich) Vielleicht habe ich Glück und David kennt diese Geschichte noch nicht.

→ *David zeigen*

Dann kann ich ihm mal etwas Neues erzählen, wenn wir uns wiedersehen.

→ *David dazustellen*

Ich bin mir aber sicher, dass er auch so schon weiß, dass Gott immer bei uns ist.

→ *Segensgeste, Hand über ganze Wüste und insbesondere über Samu halten*

 Herz-Fragen

Mit den Herz-Fragen am Ende der Geschichte können die Kinder das, was sie gehört haben, den Inhalt der Geschichte noch einmal reflektieren.

- Was hat dir am besten gefallen?
- Was magst du gerne?
- Ist dir das auch schon mal passiert?
- Was kommt in deinen Geschichtenbeutel, damit du dich an die Geschichte erinnerst?
- Was hat wohl Samu in seinem Geschichtenbeutel? Zunächst die Kinder fragen, dann auflösen: Samu hat einen Stein darin! Warum wohl?

Den Abschluss bildet das freie Spiel mit der Wüste und den Figuren.

7. Im Brunnen mit Josef

Manchmal gehen schreckliche Dinge am Ende doch gut aus. Als sich Samu einmal verläuft und im Dunkeln sitzt, erinnert er sich an die Geschichte von Josef im Brunnen. Gut, dass er Isa zur Freundin hat! Sie ist wirklich ein Geschenk Gottes.

Lebensthemen der Kinder und Erzählanlässe

- Ich bin geliebt und beschützt!
- Gott liebt mich, meine Eltern und Geschwister lieben mich!
- verloren gehen, verstoßen werden
- Einsamkeit
- begleitet und gerettet werden
- Geschenk (Gottes)

Material

- Wüstenort (s. Seite 28ff.)
- Samu und Isa
- grüne, braune und blaue Stoffreste, schwarzer Stoffstreifen
- Schäfchen, z. B. aus der Spielkrippe der Kita
- rote Kordel zum Abtrennen von „Jetzt-Wüste“ und „Erzählwüste“
- Pfeifenputzer in mehreren Farben
- Geschichtenbeutel für Samu und alle Kinder
- Brunnen oder Pfeifenputzer zum Formen eines Brunnens
- Josefsfigur oder Stein
- zwei Steine als Kaufleute
- Pyramide oder Holzstäbe zum Bauen einer Pyramide
- schwarzer Stoff in Samus Geschichtenbeutel

Erzähltext

Herzlich willkommen in der Wüste!

⇛ Sack oder Kiste öffnen, die Wüste langsam und vorsichtig ausbreiten

Heute treffen wir wieder Samu und Isa.

⇛ Samu und Isa in den Sand stellen

(Samu erzählt) Gerade ist mir ein Schaf weggelaufen. Kannst du es sehen?

⇛ Schaf weglaufen lassen

Ich glaube, es ist in eine Höhle gerannt.

⇛ Schaf unter schwarzem Stoffstreifen legen

Da muss ich hinterher, auch wenn ich Angst im Dunkeln habe. Isa pass gut auf die anderen Schafe auf!

⇛ Samu dreht sich zu Isa, sie bewegt sich

Da bist du ja, du kleiner Ausreißer, komm her, ich trage dich.

⇛ Auch Samu verschwindet unter schwarzem Stoff; Schaf und Samu sind nicht mehr zu sehen

Doch wo ist jetzt der Ausgang? Jetzt muss ich erstmal abwarten, durchatmen und überlegen. Mein Großvater sagt immer, dass mit Geduld und Vertrauen auf Gott auch die schlimmsten Dinge gut ausgehen. So wie bei Josef …

⇛ Die Wüste mit roter Kordel teilen

Josef ist der Sohn von Jakob – den kennst du ja schon.

⇛ Josef (Stein) zeigen

Josef hat noch elf Brüder.

⇛ 11 mit den Fingern abzählen

Jakob hat Josef aber am allerliebsten.

⇛ Jakob streicheln

Das ärgert seine Brüder sehr.

⇛ *Faust zeigen*

Zum Geburtstag schenkt Jakob Josef ein ganz besonders tolles Gewand in vielen bunten Farben.

⇛ *Josef mit buntem Pfeifenputzer umwickeln*

Da werden die Brüder richtig neidisch und wollen Josef loswerden.

⇛ *Faust zeigen*

Sie werfen ihn einfach in einen trockenen Brunnen und nehmen ihm das schöne Gewand weg.

⇛ *Pfeifenputzer weglegen und Josef in Brunnen (gelegt aus Pfeifenputzern) setzen*

Josef ist ganz alleine im Brunnen und hat furchtbare Angst. Doch eigentlich ist er gar nicht allein – Gott ist bei ihm.

⇛ *Hand über Brunnen halten*

Josefs Brüder sind richtig gemein und verkaufen Josef für zwanzig Silberstücke an Kaufleute.

⇛ *Steine als Kaufleute legen*

Die holen Josef aus dem Brunnen heraus.

⇛ *Josef aus Brunnen nehmen*

Er denkt zuerst, er ist gerettet,

⇛ *Josef um sich selbst drehen*

doch nun muss er für den Pharao in Ägypten arbeiten und ist ein Gefangener.

⇛ *Josef und Steine zu einer Pyramide gehen lassen*

Doch weil er fest daran glaubt, dass Gott bei ihm ist, geht die Geschichte am Ende gut aus.

⇛ *Hand über Szene halten*

Der Pharao merkt, dass Josef ihm wirklich helfen kann und macht ihn zu einem reichen Mann.

→ *Josef tanzt*

So war das mit Josef, aber wie geht denn jetzt meine eigene Geschichte aus?

→ *Isa bellt draußen*

Habt ihr das gehört? Das war doch Isa? Natürlich – sie kennt den Weg und ich muss nur ihrer Stimme folgen.

→ *Samu und Schaf kommen aus der Höhle (unter schwarzem Stoffstreifen hervorholen)*

Sie ist wirklich ein Geschenk Gottes.

→ *Hand über Isa halten*

Bin ich froh, dass ich so eine tolle Freundin habe.

→ *Isa streicheln*

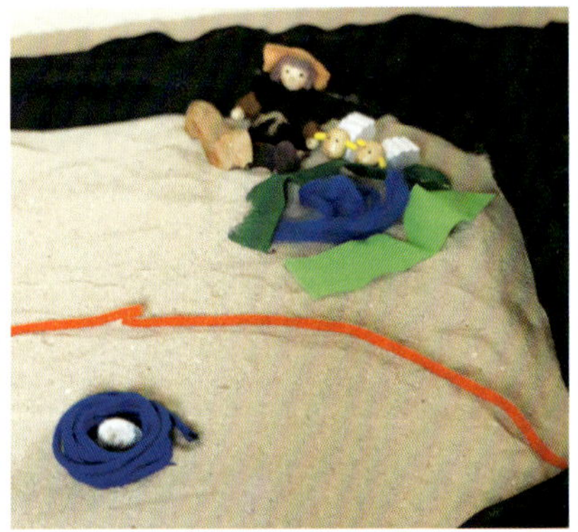

Herz-Fragen

Mit den Herz-Fragen am Ende der Geschichte können die Kinder das, was sie gehört haben, den Inhalt der Geschichte noch einmal reflektieren.

- Was hat dir am besten gefallen?
- Was magst du gerne?
- Wie würdest du dich fühlen, wenn du Josef wärst?
- Hast du dich auch schon mal verirrt?
- Was kommt in deinen Geschichtenbeutel, damit du dich an die Geschichte erinnerst?
- Was hat wohl Samu in seinem Geschichtenbeutel? Zunächst die Kinder fragen, dann auflösen: Samu hat schwarzen Stoff darin! Warum wohl?

Den Abschluss bildet das freie Spiel mit der Wüste und den Figuren.

8. Zusammen mit Mose durch die Wüste

Samu ist sehr aufgeregt und möchte die Kinder mit seiner Vorfreude anstecken, denn heute beginnt das Paschafest. Er erzählt, warum die Juden dieses Fest feiern und wie Mose mit Gottes Hilfe das Volk Gottes aus der Gefangenschaft befreit hat.

Lebensthemen der Kinder und Erzählanlässe

- Gemeinschaft
- Feier, feiern
- essen
- teilen
- als Kitagruppe unterwegs sein, zusammenleben
- Gott befreit, macht alles möglich
- optional für Vorschulkinder: Gründonnerstag

Material

- Wüstenort (s. Seite 28ff.)
- Samu und Isa
- grüne, braune und blaue Stoffreste
- Schäfchen, z. B. aus der Spielkrippe der Kita
- rote Kordel zum Abtrennen von „Jetzt-Wüste“ und „Erzählwüste“
- Zelt oder Stöckchen, um ein Zelt zu bauen
- Geschichtenbeutel für Samu und alle Kinder
- Figuren oder Steine
- Bauklötze für Stadtgebäude
- eine Feder
- Matzen
- Matzen in Samus Geschichtenbeutel

Praxistipp

Sollten Sie an dieser Stelle nicht planen, alle Geschichten rund um den Exodus zu den Kindern zu bringen, bietet es sich an, die Chronologie der Bibel einzuhalten: Binsenkörbchen (hier im Buch Nr. 9), Dornenbusch (10), Exodus (8), Zehn Gebote (11). Diese Reihenfolge wurde aus der Sicht von Samu für das Buch verändert. An dieser Stelle startet eine in sich geschlossene biblische Abfolge.

Erzähltext

Herzlich willkommen in der Wüste!

→ *Sack oder Kiste öffnen, die Wüste langsam und vorsichtig ausbreiten*

Heute treffen wir wieder Samu und Isa.

→ *Samu und Isa in den Sand stellen*

(Samu erzählt) Wir sind bis in die Stadt Jerusalem gelaufen – zusammen mit vielen anderen Menschen.

→ *Bauklötze für Jerusalem aufstellen*

Alle wollen dort das große Paschafest feiern. Und heute beginnt es endlich, das große Familienfest. Für uns Juden ist das die wichtigste Zeit im Jahr. Mit dem Paschafest ist das nämlich so: Pascha ist ein ganz altes Wort und bedeutet so etwas wie „Vorüberschreiten".

→ *Mit den Fingern durch den Sand gehen*

Vorübergeschritten oder besser ausgezogen sind vor ganz langer Zeit, in der Zeit unserer Ur-Ur-Ur-Ur- und nochmals Ureltern. Naja und die Ur-Ur-Ur-Ur- usw. Großeltern von allen Juden, die hier leben.

→ *Figuren aufstellen*

Sie und auch wir werden das Volk Israel oder das Volk Gottes genannt. Wir leben hier in Israel und gehören zu Gott, wir sind also sein Volk.

➡ *Zelt aufstellen oder mit Stöckchen legen*

Dieses Volk hat aber nicht immer in Israel gelebt.

➡ *Mit roter Kordel Wüste teilen*

Vor langer Zeit waren sie gefangene Sklaven in Ägypten.

➡ *Umgrenzung des Landes um Figuren herum in den Sand malen*

Sie mussten für den König, den Pharao arbeiten und konnten nicht selbst entscheiden, wie sie leben wollten. Gott hat sie dann aus der Sklaverei befreit, sie sind also aus Ägypten ausgezogen.

➡ *Figuren loslaufen lassen*

Vielleicht erinnerst du dich an die Geschichte? Da hat sich nämlich das Meer in der Wüste geteilt und am Ende waren alle frei.

➡ *Blauen Stoff dazulegen, teilen und Figuren hindurchlaufen lassen*

Daran erinnern sich die Juden jedes Jahr eine Woche lang und freuen sich über die Freiheit.

➡ *Eine Feder in die Luft pusten*

Diese Woche beginnt heute! Am besten kann man sich erinnern, wenn man Dinge tut, die die Menschen zu der Zeit gemacht haben.

➡ *Auf Figuren zeigen*

Gegessen haben sie auf jeden Fall Matzen.

➡ *Auf Matzen zeigen*

Das ist ein Brot ohne Sauerteig und deshalb ist es ganz flach. Die Juden essen während des Paschafests ganz viel Matzen, deshalb heißt das Fest auch das „Fest der ungesäuerten Brote".
Version für Vorschulkinder:
Heute ist auf jeden Fall der Beginn des Paschafests und heute Abend gibt es ein besonderes Essen: das Paschamahl. Da sitzen alle zusammen und erinnern sich und essen.

Ich und meine Familie tun das und auch Jesus hat das mit seinen Freunden getan. Sitzt auch Ihr heute Abend zusammen?

→ *Ein Fragezeichen in den Sand malen*

Alle Christen erinnern sich heute daran, dass Jesus mit seinen Freunden zusammen war. Heute am Gründonnerstag! Was werdet Ihr zusammen essen?

→ *Das Fragezeichen im Sand nachmalen*

Herz-Fragen

Mit den Herz-Fragen am Ende der Geschichte können die Kinder das, was sie gehört haben, den Inhalt der Geschichte noch einmal reflektieren.

- Was hat dir am besten gefallen?
- Was magst du gerne?
- Kennst du so etwas?
- Was kommt in deinen Geschichtenbeutel, damit du dich an die Geschichte erinnerst?
- Was hat wohl Samu in seinem Geschichtenbeutel? Zunächst die Kinder fragen, dann auflösen: Samu hat ein Stück Matzen darin! Warum wohl?

Den Abschluss bildet das freie Spiel mit der Wüste und den Figuren.

Tipp: Hier finden Sie ein Video zu dieser Geschichte (erzählt zu Gründonnerstag):

9. Mose im Binsenkörbchen

„Kannst du dir vorstellen, dass eine Mutter ihr kleines Baby weggeben muss, um es zu beschützen?“, fragt Samu die Kinder. Er erzählt die spannende Geschichte vom kleinen Mose, der gerettet wird, um später alle Israeliten aus ihrer Gefangenschaft zu befreien.

Lebensthemen der Kinder und Erzählanlässe

- Ich bin geliebt und beschützt!
- Gott liebt mich, meine Eltern und Geschwister lieben mich!
- Glück im Unglück
- Gott rettet

Material

- Wüstenort (s. Seite 28ff.)
- Samu und Isa
- grüne, braune und blaue Stoffreste
- gelber oder goldener Stoffrest oder Pfeifenputzer in Herzform
- Schäfchen, z. B. aus der Spielkrippe der Kita
- rote Kordel zum Abtrennen von „Jetzt-Wüste“ und „Erzählwüste“
- Geschichtenbeutel für Samu und alle Kinder
- Holzstäbe zum Bauen einer Pyramide
- Binsenkörbchen mit Mose, Spielkrippe oder Streichholzschachtel
- Kinder entscheiden über Gegenstand in Samus Geschichtenbeutel

Erzähltext

Herzlich willkommen in der Wüste!

→ *Sack oder Kiste öffnen, die Wüste langsam und vorsichtig ausbreiten*

Heute treffen wir wieder Samu und Isa.

→ *Samu und Isa in den Sand stellen*

(Samu erzählt) Wir haben eine Woche lang Pascha gefeiert und mein Bauch ist kugelrund.

➔ *Über Samus Bauch streichen*

Dabei wurden wieder so viele spannende Geschichten erzählt.

➔ *Ägypten nachbauen, z. B. mit Pyramide und Wasser (blauer Stoff) – dabei erzählen*

Das Mose Gott geholfen hat, das Volk Gottes aus Ägypten zu befreien, wusste ich ja schon. Das war ja die spannende Geschichte, in der sich das Meer geteilt hat. Aber was vorher passiert ist, hab ich jetzt auch endlich erfahren. Kannst du dir vorstellen, dass eine Mutter ihr kleines Baby weggeben muss, um es zu beschützen? So war das nämlich mit Mose.

➔ *Mose zeigen und zu Ägypten stellen; Wüste mit roter Kordel teilen (Ägypten auf einer Seite, Samu auf der anderen)*

Viele Jahre haben die Israeliten in Ägypten gelebt und für die Ägypter gearbeitet. Sie waren Gefangene und haben alles gemacht, was die Ägypter und natürlich der König von Ägypten, der Pharao, befohlen haben.

➔ *Hand wie Gefängnis über die Figuren legen*

Sie haben zum Beispiel eine Pyramide gebaut.

➔ *Auf Pyramide zeigen*

Doch die Israeliten hatten immer mehr Kinder als die Ägypter und irgendwann hatte der Pharao Angst, dass es zu viele werden könnten und dass sie vielleicht gegen die Ägypter kämpfen und sogar gewinnen könnten. Also befahl der Pharao, den Israeliten alle neugeborenen Jungen wegzunehmen und in den großen Fluss, den Nils, zu werfen.

➔ *Auf blauen Stoff (Nil) zeigen*

Jochebed aber liebt ihren Sohn sehr und will ihn unbedingt beschützen. Deshalb legt sie ihn in ein Binsenkörbchen und verschließt es mit Teer, damit kein Wasser eindringen kann.

➾ *Mose in Kästchen, Korb oder Krippe legen*

Dann setzte sie das kleine „Boot“ im Nil aus.

➾ *Körbchen auf blauen Stoff (Wasser) stellen*

Sie hofft, dass es weit schwimmt und gerettet wird.

➾ *Körbchen schwimmen lassen*

Sie hofft, dass das Kind ein neues Zuhause finden kann.

➾ *Hausdach über Körbchen andeuten*

Gerade als die Tochter des Pharao im Nil baden gehen will, schwimmt das Körbchen mit dem kleinen Jungen an ihr vorbei. Sie fängt es auf, öffnet es und verliebt sich sofort in das süße Baby.

➾ *Körbchen auf gelben oder goldenen Untergrund stellen oder Pfeifenputzer in Herzform darum herumlegen und dabei erzählen*

Sie behält ihn für sich und liebt ihn wie ihren eigenen Sohn. Sie gibt ihm den Namen Mose, der Gezogene, denn sie hat ihn aus dem Wasser gezogen. Ich finde Gott hat das richtig schlau angestellt, denn sonst hätte Mose später nicht das ganze Volk Israel aus der Gefangenschaft retten können!

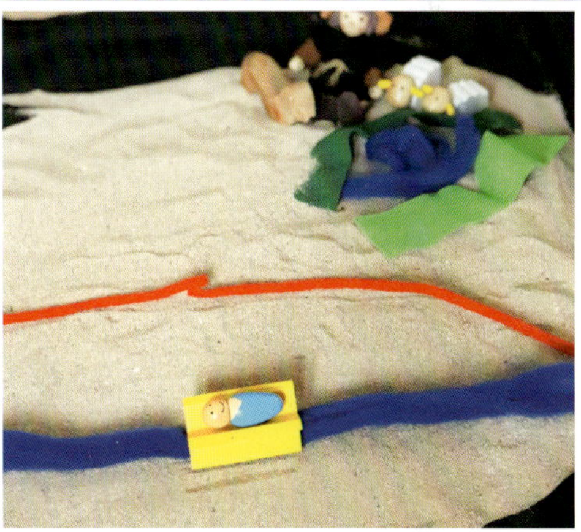

 Herz-Fragen

Mit den Herz-Fragen am Ende der Geschichte können die Kinder das, was sie gehört haben, den Inhalt der Geschichte noch einmal reflektieren.

- Was hat dir am besten gefallen?
- Was magst du gerne?
- Kannst du dir das vorstellen?
- Was hättest du an Jochebeds Stelle gemacht?
- Was kommt in deinen Geschichtenbeutel, damit du dich an die Geschichte erinnerst?
- Was würdest du für Samus Geschichtenbeutel aussuchen?

Den Abschluss bildet das freie Spiel mit der Wüste und den Figuren.

10. Mose und der brennende Dornbusch

Kann man Gott eigentlich nie sehen und hören? Oder kann man ihm doch begegnen? Mose ist das passiert, weiß Samu. Er berichtet den Kindern von Gott im Dornbusch, der zu Mose gesprochen und damit nicht nur sein Leben, sondern das Leben eines ganzen Volkes für immer verändert hat.

Lebensthemen der Kinder und Erzählanlässe

- Wo ist Gott?
- Warum bin ich auf der Welt?
- Hat Gott einen Auftrag für mich?
- schwere Aufgaben
- Was soll ich in der Welt?
- das Element Feuer
- mit Gott sprechen, Gott hören
- einer für alle

Material

- Wüstenort (s. Seite 28ff.)
- Samu und Isa
- grüne, braune und blaue Stoffreste
- Schäfchen, z. B. aus der Spielkrippe der Kita
- Stäbe zum Bauen einer Pyramide
- rote Kordel zum Abtrennen von „Jetzt-Wüste“ und „Erzählwüste“
- Geschichtenbeutel für Samu und alle Kinder
- Mose-Figur oder Stein und zweite Menschenfigur
- rot-orangefarbener Pfeifenputzer oder Stoff für den Dornbusch
- roter Pfeifenputzer als Dornbuschzweig in Samus Geschichtenbeutel

Erzähltext

Herzlich willkommen in der Wüste!

➜ *Sack oder Kiste öffnen, die Wüste langsam und vorsichtig ausbreiten*

Heute treffen wir wieder Samu und Isa.

➜ *Samu und Isa in den Sand stellen*

(Samu erzählt) Du fragst dich sicher, wie die Geschichte von Mose weitergeht.

➜ *Mose-Figur oder Stein zeigen*

Mir ist das genauso gegangen und deshalb habe ich auch genau nachgefragt und kann es dir jetzt erzählen.

➜ *Mit roter Kordel Wüste trennen zwischen Mose und Samu*

Als Mose älter wird, gefällt ihm gar nicht, dass die Israeliten in Ägypten so schlecht behandelt werden. Denn er ist ein guter Mann.

➜ *Am Rand der Wüste Pyramide bauen und zweite Figur aufstellen, auf die Mose zugeht (Platz lassen für weitere Szene)*

Obwohl er gar nicht weiß, dass er selbst zum Volk Gottes gehört, versucht er, die Frauen, Männer und Kinder zu beschützen.

➜ *Hand über Szene halten*

Das gefällt den anderen Ägyptern gar nicht und er hat Angst, dass sein Großvater – der Pharao – wütend wird. Also rennt er weg,

➜ *Mose weglaufen lassen*

weit weg nach Midian, wo er – so wie ich auch – als Hirte auf die Schafe aufpasst.

➜ *Schafe zu Mose stellen*

Dort findet er auch eine Frau und ist sehr glücklich.

➜ *Grünen und blauen Stoff legen*

Aber irgendwie muss er immer an die Gefangenen in Ägypten denken.

➜ *Auf Ägypten zeigen*

Auch Gott hat sie nicht vergessen und gibt Mose eine Aufgabe.

➡ *Hand über Ägypten halten*

Als Mose mit den Schafen unterwegs ist, sieht er plötzlich einen Dornbusch lichterloh brennen.

➡ *Rot-orangefarbenen Pfeifenputzer legen*

Doch obwohl überall Flammen sind, verbrennt der Dornbusch nicht. Mose geht nahe heran, um es sich ganz genau anzusehn.

➡ *Mose dazustellen*

Da hörte er Gottes Stimme:

➡ *Ort der Begegnung mit Gott über Mose zeigen (Höhle oder Dach)*

„Ich bin dein Gott! Ich bin Jahwe – der, ich bin für dich da. Ich will mein Volk aus der Gefangenschaft befreien und in ein schönes blühendes Land führen. Geh nach Ägypten zum Pharao und sage ihm, dass er mein Volk freilassen soll!“ Obwohl Mose richtig viel Angst hat, hört er auf Gott.

➡ *Mose nach Ägypten laufen lassen*

Am Ende hat es geklappt und die Israeliten sind freigekommen. Das ist aber eine ganz andere, spannende Geschichte.

Herz-Fragen

Mit den Herz-Fragen am Ende der Geschichte können die Kinder das, was sie gehört haben, den Inhalt der Geschichte noch einmal reflektieren.

- Was hat dir am besten gefallen?
- Was magst du gerne?
- Ist dir das auch schon mal passiert?
- Was kommt in deinen Geschichtenbeutel, damit du dich an die Geschichte erinnerst?
- Was hat wohl Samu in seinem Geschichtenbeutel? Zunächst die Kinder fragen, dann auflösen: Samu hat ein einen Dornbuschzweig darin! Warum wohl?

Den Abschluss bildet das freie Spiel mit der Wüste und den Figuren.

11. Regeln fürs Leben: die Zehn Gebote

Das Zusammenleben von Menschen braucht Regeln, egal ob sie in Häusern leben oder unterwegs sind, findet Samu. Wenn es keine Regeln gibt, gehen Dinge schief. Er befragt dazu seinen Freund David, den er endlich wieder sehen kann. David erzählt ihm und den Kindern von den Zehn Geboten.

Lebensthemen der Kinder und Erzählanlässe

- Regeln
- Streit schlichten
- Gutes tun

Material

- Wüstenort (s. Seite 28ff.)
- Samu, Isa und David
- Kieselstein und blaue Stoffstreifen
- kleines Stück Brot oder Matzen (oder Keks)
- brauner Stoff für den Berg
- rot-orangefarbener Pfeifenputzer für den Dornbusch
- rote Kordel zum Abtrennen von „Jetzt-Wüste“ und „Erzählwüste“
- Geschichtenbeutel für Samu und alle Kinder
- Pyramide, Figuren oder Steine
- Mose-Figur
- orangefarbenes Tuch
- 10 Holzstückchen zum Legen eines Pfeils
- Geschnitzter oder Papier-Pfeil in Samus Geschichtenbeutel

Erzähltext

Herzlich willkommen in der Wüste!

→ *Sack oder Kiste öffnen, die Wüste langsam und vorsichtig ausbreiten*

Heute treffen wir wieder Samu und Isa.

→ *Samu und Isa in den Sand stellen*

(Samu erzählt) Wenn man zusammen lange unterwegs ist,

→ *Samu und Isa laufen*

kann es auch mal Streit geben.

→ *Faust zeigen*

Das weiß ich ganz genau. Zum Beispiel darüber, wer die schwersten Sachen tragen muss. Oder wer sich zuerst waschen darf, wenn wir beim Wasser angekommen sind.

→ *Blauen Stoff dazulegen*

Oder wer kochen muss und wer sich um die Tiere kümmern darf. So war das natürlich auch bei den Israeliten mit Mose auf ihrem Weg durch die Wüste.

→ *Mose zeigen*

Das weiß ich von meinem Freund David.

→ *David dazustellen*

Er ist ganz schlau und merkt sich die wichtigsten Dinge. *(David meint)* Sag doch nicht sowas, Samu!

→ *David zu Samu drehen*

Gerne erzähle ich aber die Geschichte!

→ *Wüste mit roter Kordel teilen*

Natürlich haben sich die Israeliten am Anfang sehr gefreut, dass sie aus der Gefangenschaft in Ägypten rausgekommen sind.

→ *Pyramide aufstellen bzw. bauen; einige Figuren davon weglaufen lassen.*

Aber irgendwann nach einigen Wochen war das nicht mehr so.

➛ *Figuren lange gehen lassen; Aufzählung der folgenden Aspekte mit den Fingern zeigen*

Die Kinder haben bestimmt gefragt: „Wann sind wir denn endlich da?" Viele Erwachsene haben sich gefragt: „Wo bekommen wir denn unser Essen her?" Manche haben sich sogar über Gott geärgert und gesagt, er hätte sie alle allein gelassen. Gott aber sieht die Menschen und hilft Ihnen.

➛ *Hand über Menschen halten*

Wenn sie Hunger haben, finden sie Manna – das Wüstenbrot – auf dem Boden.

➛ *Matzen dazulegen*

Wenn sie Durst haben, führt Gott sie zu Felsen, aus denen Wasser fließt.

➛ *Kieselstein und blauen Streifen dazulegen*

Doch trotzdem streiten sie sich immer weiter.

➛ *Faust zeigen*

Als alle am Berg Horeb ankommen –

➛ *Braunes Tuch für Berg legen*

das ist dort, wo Gott aus dem brennenden Dornbusch zum Mose gesprochen hat –,

➛ *Dornbusch nochmal zur Erinnerung zeigen*

beschließt Mose, eine längere Rast zu machen. Er steigt alleine auf den Berg und hofft, dass er dort eine Lösung für das Streitproblem findet.

➛ *Mose auf das braune Tuch stellen*

Tatsächlich spricht Gott auf dem Berg zu Mose.

➛ *Ort der Begegnung mit Gott über Mose zeigen, als Höhle oder Dach*

Mose ritzt alles in einen großen Stein, damit er nichts vergisst und es dem Volk Gottes vorlesen kann. Gott gibt ihm die Zehn Gebote für die Menschen. Das sind Regeln, die das Leben zusammen besser machen. Die Zehn Gebote gelten immer und sie zeigen uns den richtigen Weg.

Für jedes Gebot ein Stäbchen zum Pfeil legen

1. Du sollst nur mich und keine anderen Götter haben.
2. Du sollst nur zu mir beten.
3. Du sollst am Sonntag ausruhen.
4. Du sollst deine Eltern gut behandeln.
5. Du sollst nicht töten.
6. Du sollst deine Frau oder deinen Mann nicht betrügen.
7. Du sollst nicht stehlen.
8. Du sollst nicht lügen.
9. Du sollst anderen nicht die Frau oder den Mann wegnehmen.
10. Du sollst nicht das haben wollen, was anderen gehört.

Herz-Fragen

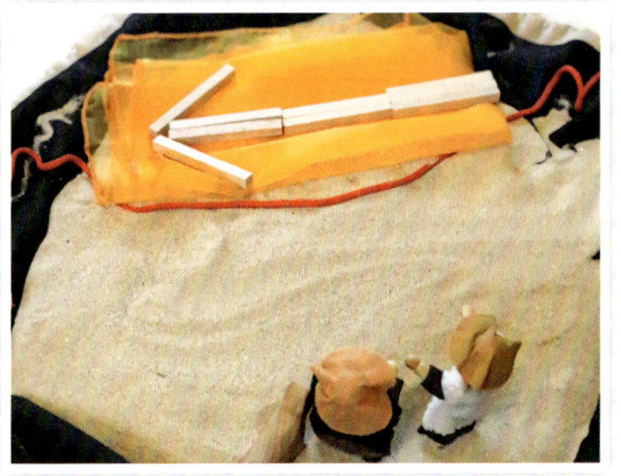

Mit den Herz-Fragen am Ende der Geschichte können die Kinder das, was sie gehört haben, den Inhalt der Geschichte noch einmal reflektieren.

- Was hat dir am besten gefallen?
- Was magst du gerne?
- Wie ist das bei dir?
- Was kommt in deinen Geschichtenbeutel, damit du dich an die Geschichte erinnerst?
- Was hat wohl Samu in seinem Geschichtenbeutel? Zunächst die Kinder fragen, dann auflösen: Samu und David haben einen Pfeil geschnitzt! Warum wohl?

Den Abschluss bildet das freie Spiel mit der Wüste und den Figuren. Im Freispiel können die Kinder herausfinden, was die 10 Gebote mit ihrem eigenen Leben zu tun haben.

12. Reisen mit Rut

Samu ist wieder mit seinen Tieren unterwegs auf der Suche nach einem guten Ort, an dem sie sich sattfressen, trinken und ausruhen können. Das ist für ihn Anlass, den Kindern von Ruts Reise zu erzählen – die ganz viel Mut hatte und voller Liebe und Treue war. Rut gilt als Davids Urgroßmutter. Würde ich alles aufgeben, was ich habe, mein Zuhause verlassen und mit einem anderen Menschen irgendwohin gehen, weil er mich braucht? Das fragt sich Samu, wenn er an Rut denkt, und sicher auch die Kinder.

Lebensthemen der Kinder und Erzählanlässe

- zusammenhalten
- Mut, Stärke
- helfen
- Treue
- Trauer und trösten
- Familie und Freundschaft
- Gutes tun

Material

- Wüstenort (s. Seite 28ff.)
- Samu und Isa
- grüne, braune und blaue Stoffreste
- Schäfchen, z. B. aus der Spielkrippe der Kita
- rote Kordel zum Abtrennen von „Jetzt-Wüste“ und „Erzählwüste“
- Geschichtenbeutel für Samu und alle Kinder
- schwarzer Stoffstreifen
- Holzklotz für Betlehem
- Grünstreifen für Moab
- roter Pfeifenputzer, um daraus ein Herz zu biegen
- zwei Figuren (Rut und Noomi)
- Herz in Samus Geschichtenbeutel

Erzähltext

Herzlich willkommen in der Wüste!

⇛ *Sack oder Kiste öffnen, die Wüste langsam und vorsichtig ausbreiten*

Heute treffen wir wieder Samu und Isa.

⇛ *Samu und Isa in den Sand stellen*

(Samu erzählt) Ich bin so froh, dass wir endlich angekommen sind.

⇛ *Laufen lassen und stehen bleiben lassen*

Hier ist es sehr schön. So grün und so gemütlich zum Ausruhen und das Wasser ist ganz klar und frisch.

⇛ *Grünen und blauen Stoff dazulegen*

Ich glaube, ich werde hierbleiben.

⇛ *Mit den Händen Dach über der Szene formen*

Aber eigentlich ist es gar nicht wichtig, wo ich bin.

⇛ *Samu im Kreis drehen*

Hauptsache, alle, die ich liebe, sind bei mir:

⇛ *Pfeifenputzerherz um Samu legen*

meine Eltern, meine Geschwister, meine Großeltern und natürlich Isa und meine Schafe. Ob ich alles zurücklassen würde, was ich kenne, um jemanden zu helfen, der mich braucht? Ob ich so sein könnte wie Rut? Rut ist Davids Urgroßmutter und er hat mir ganz genau von ihr erzählt. Am besten erzähle ich euch erst mal Ruts Geschichte. Die hat ganz viel mit Noomi zu tun.

⇛ *Wüste mit roter Kordel teilen*

Vor ganz langer Zeit gab es eine Hungersnot hier im Land.

⇛ *Schwarzen Stoff legen*

Das ist dann, wenn es gar nichts mehr zu essen gibt. Noomi ist deshalb zusammen mit ihrem Mann

⥤ *Noomi-Figur zeigen und neben schwarzen Stoff setzen*

und ihren beiden Söhnen aus der Stadt Bethlehem, dort wo David wohnt,

⥤ *Holzklotz neben schwarzen Stoff und Noomi legen*

in das weit entfernte Grünland Moab umgezogen.

⥤ *Grünen Stoff legen und Noomi von Bethlehem aus daraufsetzen*

Dort leben sie viele Jahre und sind glücklich. Beide Söhne heiraten und eine der Frauen heißt Rut.

⥤ *Rut aufstellen*

Rut ist Noomis Schwiegertochter. Leider stirbt zuerst Noomis Mann und dann auch noch ihre beiden Söhne. Das macht sie furchtbar traurig und alles in Moab erinnert sie daran.

⥤ *Schwarzen Stoff von Bethlehem nach Moab legen*

Sie sehnt sich so sehr nach der Zeit in Bethlehem zurück.

⥤ *Auf Bethlehem zeigen*

Das merkt Rut, die auch sehr traurig ist, weil sie ihren Mann verloren hat. Weil Rut so mutig ist und Noomi so sehr liebt, nimmt sie sie an die Hand.

⥤ *Herz um Rut und Noomi legen*

Sie geht mit ihr den weiten Weg zurück bis nach Bethlehem.

⥤ *Figuren, begleitet von Herz, gehen lassen und dabei erzählen*

Obwohl sie selbst noch nie dort war, das Land Israel und die Stadt überhaupt nicht kennt. Aber sie möchte Noomi glücklich machen. Denn wo Noomi hingeht, geht auch Rut hin.

⥤ *Rut und Noomi in Bethlehem ankommen lassen*

Rut ist treu und wird dafür von Gott belohnt.

⥤ *Hand über Szene halten*

Auch sie ist in ihrem neuen Zuhause glücklich. Wie gut, dass Rut und Noomi nach Bethlehem gegangen sind, sonst hätte ich meinen Freund David vielleicht gar nicht kennen gelernt.

Herz-Fragen

Mit den Herz-Fragen am Ende der Geschichte können die Kinder das, was sie gehört haben, den Inhalt der Geschichte noch einmal reflektieren.

- Was hat dir am besten gefallen?
- Was magst du gerne?
- Ist dir das auch schon mal passiert?
- Was kommt in deinen Geschichtenbeutel, damit du dich an die Geschichte erinnerst?
- Was hat wohl Samu in seinem Geschichtenbeutel? Zunächst die Kinder fragen, dann auflösen: Samu hat ein Herz darin! Warum wohl?

Den Abschluss bildet das freie Spiel mit der Wüste und den Figuren.

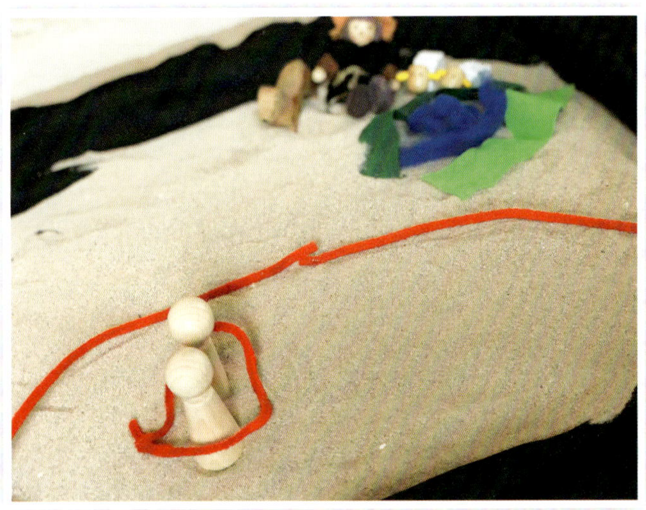

13. Davids Hirtenlied

Nun beginnt eine spannende Zeit für Samu – er darf (und natürlich auch die Kinder) die Entwicklung des Hirtenjungen David zum König von Israel live miterleben. Er begleitet David als Freund bei seinen Abenteuern und lässt sich von ihm im Herzen berühren. Heute lauscht er seinem Hirtenlied.

Lebensthemen der Kinder und Erzählanlässe

- Musik im Leben
- Wer singt für dich? Für wen singst du?
- beten und die Beziehung zu Gott
- Hoffnung und Trost
- Freundschaft und Liebe

Material

- Wüstenort (s. Seite 28ff.)
- Samu, Isa, David und seine Schafe
- grüne, braune und blaue Stoffreste
- Schäfchen, z. B. aus der Spielkrippe der Kita
- rote Kordel zum Abtrennen von „Jetzt-Wüste" und „Erzählwüste"
- Geschichtenbeutel für Samu und alle Kinder
- Holzklotz für die Stadt Betlehem
- Figur oder Stein für David, Bruder Schima
- roter Pfeifenputzer, um beide Welten im Kreis miteinander zu verbinden

Erzähltext

Herzlich willkommen in der Wüste!

→ *Sack oder Kiste öffnen, die Wüste langsam und vorsichtig ausbreiten*

Heute treffen wir wieder Samu und Isa.

➡ *Samu und Isa in den Sand stellen*

(Samu erzählt) Mein Herz ist so froh – heute treffe ich David! Endlich sind wir wieder bei der Stadt Bethlehem angekommen und werden auch ein bisschen länger hierbleiben.

➡ *Holzklotz, etwas entfernt von Samu, aufstellen*

Da ist er ja schon mit seinen Schafen!

➡ *David und Schafe neben Stadt stellen*

Komm Isa, kommt ihr Flauschigen, wir müssen uns beeilen, David spielt auf seiner Harfe ein Hirtenlied. Kannst Du es hören?

➡ *Folgenden Text nach der Melodie von „Bruder Jakob" singen*

Der Herr ist mein Hirte,
nichts wird mir fehlen.
Er führt auf grüne Wiesen
und zum Wasser hin.
Er gibt mir, was ich brauche,
und zeigt mir meine Wege.
Er ist immer da!
Er ist immer da!

Auch wenn es dunkel ist,
hab ich keine Angst,
hab ich keine Angst.
Du bist immer bei mir,
du bist immer bei mir.
Ein Hirte, Herr, bist du,
Ein Hirte, Gott, bist du.

Ein so schönes Lied, David! Mir ist ganz warm ums Herz geworden!

➡ *Roten Pfeifenputzerring um die Szene legen*

(David sagt) Dankeschön, soll ich weitersingen? *(Samu sagt)* Soooo gern, aber schau, da vorne kommt jemand!

➡ *Samu zeigt in die Richtung*

(David sagt) Ach, das ist nur mein Bruder Schima!

➡ *Schima schnell dazustellen*

(Schima bittet) David, David komm schnell – der Prophet Samuel ist bei unserem Vater zu Besuch. Er sagt, er ist gekommen, um den nächsten König auszusuchen. Den ganzen Tag schon hat er sich all unsere Brüder und auch mich angeschaut. Du musst wohl der nächste König sein, denn keiner von uns passt. Gott hat das zu Samuel gesagt.

→ *David und Schima weglaufen lassen; den roten Pfeifenputzerring weglegen*

(Samu meint) Weg sind sie. Das ist ja aufregend! Was da wohl passiert? Und was ist denn ein Prophet?

Herz-Fragen

Mit den Herz-Fragen am Ende der Geschichte können die Kinder das, was sie gehört haben, den Inhalt der Geschichte noch einmal reflektieren.

- Was hat dir am besten gefallen?
- Was magst du gerne?
- Ist dir das auch schon mal passiert?
- Was kommt in deinen Geschichtenbeutel, damit du dich an die Geschichte erinnerst?
- Was sollte Samu in seinem Beutel mit sich tragen? (Die Kinder entscheiden über den Gegenstand im Geschichtenbeutel von Samu.)

Für Vorschulkinder:

- Wollen wir zusammen herausfinden, was ein Prophet ist?
- Wo können wir nachschauen? Zunächst die Kinder fragen, dann auflösen: in der Kinderbibel, im Internet, die Kitaleitung, den oder die Gemeindereferent*in, den Pastor fragen.

Den Abschluss bildet das freie Spiel mit der Wüste und den Figuren.

14. Kämpfen wie David

Wie kann David, der so klein ist, der Sieger über den großen Goliat sein? Samu erlebt staunend mit, wie David über sich hinauswächst und sich dem riesigen Soldaten entgegenstellt, um sein Zuhause und alle Menschen zu retten. Stolz berichtet Samu den Kindern über den Sieg des Freundes.

Lebensthemen der Kinder und Erzählanlässe

- Kleine ganz groß
- Zutrauen
- Sieg
- Mut ist Hoffnung
- Gott hilft

Material

- Wüstenort (s. Seite 28ff.)
- Samu und Isa
- Holzklotz für Bethlehem
- Stäbchen oder Steine zum Bauen einer Stadtmauer
- David und große Figur (z. B. Kegel) für Goliat
- mehrere Steine für Philister
- kleiner Stein zum Werfen für David
- Tröte oder Konfetti
- Geschichtenbeutel für Samu und alle Kinder
- Stein in Samus Geschichtenbeutel

Erzähltext

Herzlich willkommen in der Wüste!

→ *Sack oder Kiste öffnen, die Wüste langsam und vorsichtig ausbreiten*

Heute treffen wir wieder Samu und Isa.

→ *Samu und Isa in den Sand stellen*

(Samu erzählt) Nun sind wir schon viel länger hier in Bethlehem, als wir eigentlich geplant hatten.

→ *Holzklotz für Bethlehem aufstellen*

Es gefällt uns richtig gut. Leider ist die Stadt aber in Gefahr.

→ *Faust zeigen*

Die Philister wollen sie ganz für sich.

→ *Steine dazustellen*

Sie stehen vor den Stadtmauern.

→ *Stadtmauer mit Stäbchen oder Steinen bauen*

Die Philister sind große Männer. Goliat ist der größte und stärkste von ihnen.

→ *Kegel für Goliat dazustellen*

Vor ihm habe ich richtig Angst. Den ganzen Tag steht er vor dem Tor und brüllt: „Kommt heraus und gebt auf – sonst holen wir euch!“ König Saul und seine Soldaten machen aber nichts, sie hoffen, dass die Mauern stark genug sind und die Philister einfach draußen bleiben. Mein Freund David hält das nicht mehr aus.

→ *David dazustellen*

Er sorgt sich um seine Familie, um sein Haus und alle Menschen in der Stadt. Er ist sehr mutig und soll ja schließlich einmal König werden.

→ *David vor Stadtmauer stellen*

Er stellt sich Goliat einfach in den Weg, nur mit seiner Steinschleuder bewaffnet. Der Riese in der Rüstung lacht ihn laut aus. Da zielt David genau und trifft Goliat mit einem Stein direkt ins Auge.

→ *Stein werfen und Goliat-Figur umfallen lassen*

Der Anführer der Philister fällt um und bleibt liegen. Unsere Feinde rennen vor Schreck davon.

→ *Steine rennen lassen*

Wir haben gewonnen und heute wird richtig gefeiert!

→ *Figuren tanzen lassen, tröten, Konfetti werfen*

Herz-Fragen

Mit den Herz-Fragen am Ende der Geschichte können die Kinder das, was sie gehört haben, den Inhalt der Geschichte noch einmal reflektieren.

- Was hat dir am besten gefallen?
- Was magst du gerne?
- Kennst du auch Mutige?
- Warst du auch schon einmal mutig?
- Wobei hast du einmal gewonnen?
- Was kommt in deinen Geschichtenbeutel, damit du dich an die Geschichte erinnerst?
- Was hat wohl Samu in seinem Geschichtenbeutel? Zunächst die Kinder fragen, dann auflösen: Samu hat einen zweiten Stein darin! Warum wohl?
- Weißt Du noch, woran der erste Stein erinnern soll? (Altar nach Traum von Jakob, Seite 62ff.)

Den Abschluss bildet das freie Spiel mit der Wüste und den Figuren.

15. Friedenskönig David

„Mut zahlt sich aus und Gott hat meinen Freund David ausgewählt", denkt Samu bei der Krönung des ehemaligen Hirtenjungen zum König des Landes Israel. Samu erlebt einen heiligen Moment, als sich Himmel und Erde berühren, und glaubt, einen Engel zu sehen. Dieses besondere Gefühl möchte er an die Kinder weitergeben, denn selbst Isa hat es gespürt.

Lebensthemen der Kinder und Erzählanlässe

- König sein
- Verantwortung
- Heiligkeit im Leben
- sakrale Orte und Momente
- Gefühle teilen
- (von Gott) auserwählt sein

Material

- Wüstenort (s. Seite 28ff.)
- Samu und Isa
- Holzklotz für Samus Haus
- David
- Thron, z. B. Erhöhung durch Bauklötze
- gelbes Tuch
- viele Steine als Menschen
- Engelsfigur
- Geschichtenbeutel für Samu und alle Kinder
- Engel in Samus Geschichtenbeutel

Erzähltext

Herzlich willkommen in der Wüste!

➡ *Sack oder Kiste öffnen, die Wüste langsam und vorsichtig ausbreiten*

Heute treffen wir wieder Samu und Isa.

➡ *Samu und Isa in den Sand stellen*

(Samu erzählt) Alle lieben David und ich darf sein Freund sein.

➡ *David zeigen, liebevoll streicheln und hinsetzen*

Wir fühlen uns alle sicher in Bethlehem, nachdem uns David vor den Philistern und dem Riesen Goliat gerettet hat, und sind hiergeblieben. Wir wohnen jetzt in einem Haus und reisen nicht mehr mit unserem Zelt umher.

➡ *Holzklotz für Samus Haus aufstellen*

Ein Hirtenjunge bin ich trotzdem noch und am Lagerfeuer Geschichten sammeln werde ich mein ganzes Leben lang. Heute ist ein besonderer Tag. Heute wird David zum König von Israel gekrönt.

➡ *Gelbes Tuch zeigen*

Der alte König Saul ist gestorben und obwohl das sehr traurig ist, freue ich mich, denn jetzt ist David dran.

➡ *Hand über David halten*

Mut zahlt sich aus! Menschen aus dem ganzen Land sind gekommen, um ihren neuen König zu sehen.

➡ *Steine als Menschen legen und erzählen*

Es sind so viele, dass sie in keinem Haus Platz haben. Deshalb wird David auf dem großen Platz im Sonnenschein gekrönt.

➡ *Mit den Fingern Sonnenstrahlen imitieren*

Er sitzt auf einem großen Stuhl – einem Thron – und trägt eine goldene Krone.

➡ *Bauklotz für Thron auf gelbes Tuch legen, David daraufstellen*

Die Sonne strahlt ganz hell und es scheint, als ob sie nur für ihn oder auf ihn leuchtet.

➾ *Mit den Fingern über David Sonnenstrahlen nachahmen*

Er glänzt ganz golden. Ich bekomme Gänsehaut und auch Isa merkt, dass etwas anders ist. Sie reckt und streckt sich, spitzt die Ohren und winselt ein bisschen.

➾ *Isa bewegen, Winselgeräusch machen*

Ich bin geblendet – vielleicht von der Sonne –, aber eigentlich glaube ich, dass ich gerade einen Engel hinter David gesehen habe.

➾ *Engel einschweben lassen oder hinstellen*

Es war so, als würde der Engel David an der Schulter anfassen! Es ist nicht nur ein besonderer Tag, sondern auch ein besonderer Ort, denn gerade hat der Himmel die Erde berührt.

➾ *Hand über Szene halten*

Genauso wie es in Jakobs Traum in Bet-El war. Mein Freund ist von Gott auserwählt!

➾ *Ort der Begegnung mit Gott über David zeigen (Höhle oder Dach)*

 Herz-Fragen

Mit den Herz-Fragen am Ende der Geschichte können die Kinder das, was sie gehört haben, den Inhalt der Geschichte noch einmal reflektieren.

- Was hat dir am besten gefallen?
- Was magst du gerne?
- Ist dir das auch schon mal passiert?
- Was kommt in deinen Geschichtenbeutel, damit du dich an die Geschichte erinnerst?
- Was hat wohl Samu in seinem Geschichtenbeutel? Zunächst die Kinder fragen, dann auflösen: Samu hat einen Engel darin! Warum wohl?

Für Vorschulkinder:

- Es gibt noch einen König, der aus Bethlehem kommt – der in Bethlehem geboren ist. Bei dessen Geburt waren auch Engel dabei. Auch da haben sich Himmel und Erde berührt.
- Kennst du die Geschichten von Gottes Sohn?

Den Abschluss bildet das freie Spiel mit der Wüste und den Figuren.

16. Das Schatzbuch

Die Kinder sind gemeinsam mit Samu, Isa und auch David einen langen Weg gegangen. Sie haben die Geschichten der Wüste erlebt, in und mit dem Erzählort gespielt. Nun vertiefen sie diese Erfahrung und integrieren alle Geschichten nochmals in ihren Alltag. Denn die Kinderbibel lädt ebenso wie die Wüste, immer wieder zu neuen Begegnungen ein. Nun ist die Zeit, den Kindern zu sagen und zu zeigen, dass die Geschichten einen festen Ort haben, zu dem sie immer wieder zurückkommen können – die Bibel.

Lebensthemen der Kinder und Erzählanlässe

- Abschluss, abrunden der gesamten Erzählreihe
- freie Beschäftigung mit Geschichten, die mich bewegen
- zurückkehren
- sich erinnern
- wiederholen
- Rituale und Sicherheit

Material

- Wüstenort (s. Seite 28ff.)
- getrocknete Blüte
- Kinderbibel
- Goldpapier für die Gestaltung des Einbands

Erzähltext

Auch heute bist du eingeladen in die Wüste.

→ *Sack oder Kiste öffnen, die Wüste langsam und vorsichtig ausbreiten*

Denn wie du weißt, ist die Wüste ein ganz besonderer Ort.

→ *Mit einer Hand über den Sand streichen*

Hier hast du gemeinsam mit Samu und Isa ganz viele spannende Geschichten erlebt.

➾ *Samu und Isa dazustellen*

Die Wüste ist ein Ort, in dem es meistens trocken ist und an dem es auf den ersten Blick gar nichts gibt, außer Sand.

➾ *Sand befühlen und durch die Finger rieseln lassen*

Doch manchmal, an ganz unerwarteten Stellen, blüht etwas.

➾ *Blüte in der Hand zeigen und dann in die Wüste legen oder stellen*

Immer wenn du Lust dazu hast, dich an alle Wüstengeschichten zu erinnern, kannst du dein Schatzbuch aufschlagen. Kennst du das Schatzbuch schon?

➾ *Kinderbibel zeigen*

Es ist die Kinderbibel. Denn in der Bibel sind alle Geschichten von Gott aufgeschrieben.

➾ *Mit Kindern in der Bibel blättern, sich an Geschichten erinnern und den Einband mit Goldpapier umwickeln*

Aus der Kita-Praxis

„Als wir die Geschichte von Bischof Niklaus mit Hilfe eines Bilderbuchs gelesen haben, war auf einem Bild ein goldenes Buch zu sehen. Die Reaktion eines Mädchens (5), das dabei auf die Fensterbank zeigte: ‚Wir haben auch ein goldenes Buch!' Schon waren wir Monate später wieder bei Samu und Isa. ‚Da steht etwas von Gott und Samu und Isa!', ein anderes Mädchen (5). ‚Wer sind denn Samu und Isa?', fragte ein Junge (4), der die Einheiten nicht miterlebt hat. Alle Schulkinder sofort und durcheinander:
‚Isa ist ein Hund.', ‚Samu ist ein Hirte, der steht doch im Flur bei der Krippe.', ‚Die leben in der Wüste.', ‚In Zelten.', ‚Wir sind mit dem Flugzeug hingeflogen.', ‚Da war ganz viel Sand.', ‚Der Wüstensack.', ‚Und David war da auch, der Freund von Samu.', ‚Und der lebt in der Stadt.', ‚Das waren Geschichten.'
So entstand über das goldene Buch von Nikolaus eine Verbindung zu Gott, der Bibel und Samu und Isa. Der Wunsch der Kinder war groß, dass sie nochmal zu uns kommen. Eine sehr schöne Erfahrung für uns Erzieherinnen!"
(Nina Gießner und Christina Wasserkort)

„Wir erleben Abenteuer" – Spielstationen

Passend zu den im letzten Kapitel vorgestellten Geschichten bieten sich folgende, von den Kindern der Kath. Kindertageseinrichtung St. Michael Sennelager gemeinsam mit ihren Erzieherinnen Nina Gießner und Christina Wasserkort erstellten und erlebten Spielstationen mit konkreten Anregungen zur Freispielpraxis an.

Station 1: **Eine weite Reise**

Station 2: **Bibelgeschichten und Bibelort**

Station 3: **Die Wüste**

Station 4: **Eine Forscherstation**

Station 5: **Das Schatzbuch – Entdeckungen**

Bevor Sie beginnen, stellen Sie sich folgende Fragen:

- Wie, wann und wo sollen die Kinder die Stationen erleben?
- Welche Altersklassen spielen zur gleichen Zeit oder getrennt voneinander an den Stationen?
- Welche Geschichten sollen dabei zum Spiel geöffnet werden?
- Wie spielen die Kinder im Nachklang an die Einheit?
- Wie bauen Sie das Thema im Freispiel ein?
- Welches Material möchten Sie den Kindern anbieten?
- Was packen Sie in Ihren Geschichtenbeutel?
- Welche Spielstationen werden gemeinsam gebaut bzw. welche erstellen die Kinder?
- Wie möchten Sie die Kinder begleiten?

Station 1: Eine weite Reise

Stellen Sie den Kindern in einem Teil des Raumes, Erzählorts, in der Turnhalle, dem Foyer oder im Flur einen Reisebereich zur Verfügung und geben Sie ihnen die Möglichkeit, selbst zu verreisen. Dort können Flugzeuge, eine Klangschale, Globus, Atlas und Verkleidungsmaterial warten.

Aus der Kita-Praxis

„Eine Reise ist immer eindrücklich, besonders mit dem Flugzeug, und vor allem, wenn sie auch noch in die Vergangenheit führt. Dies ließ auch die Kinder unserer Kita nicht los. Täglich sind sie im Freispiel in die Vergangenheit geflogen und haben im Atlas oder auf dem Globus nach der Wüste gesucht, in der Samu und Isa leben."

Station 2: Bibelgeschichten und Bibelort

Stellen Sie den Kindern in einfacher, leicht zugänglicher Form die Geschichten zur Verfügung. Nutzen Sie dafür z. B. Säckchen, Schuhkartons, Kisten oder ausrangierte Pappaufsteller mit Schubladen, um den Kindern den Zugang zu den Materialien der bereits bekannten Geschichten leicht zu machen. Nach und nach kann Schublade für Schublade gefüllt werden. Damit auch jüngere Kinder die Geschichtenkisten leicht wiedererkennen und auseinanderhalten können, können sie mit Fotos, Symbolen oder gemalten Bildern gekennzeichnet werden. Die Kisten sollten für die Kinder frei zugänglich sein, sodass sie die Geschichten in ihr Freispiel einbauen oder auch mit in die Wüstenkiste nehmen können.

Station 3: Die Wüste

Stellen Sie den Kindern eine oder mehrere Wüstenkisten zur Verfügung, die frei zugänglich sind. Im besten Fall sind diese für die Kinder handlich und portabel. Sollte es der Platz nicht zulassen, vereinbaren Sie mit den Kindern ein Ausleihverfahren. Legen Sie Regeln zum Spiel in und an der bzw. den

Kisten fest, damit der Sand in der Kiste bleibt und die Kinder jeweils ungestört spielen können. Lassen Sie es zu, dass die Kinder Bezüge herstellen. So können z. B. auch Tierfiguren von Schleich® passend zur Wüste gefunden werden.

Aus der Kita-Praxis

„Unsere Kinder waren immer wieder sehr intensiv in der Wüste. Sand fühlen war einfach sehr wichtig und dann die Frage, was dort im Sand passiert. Nomade sein und sich um die Tiere kümmern war ganz zentral. Immer wieder ging es darum, die Wüste einzurichten. Besonders in der Mittagszeit, nach dem Essen, haben die älteren Kinder nach unserer Wüstenkiste gefragt. Dort haben sie alle Geschichten nachgespielt, miteinander gemixt und auch mit Materialien aus dem Kita-Raum kombiniert."

Station 4: Eine Forscherstation

Geben Sie den Kindern Anregungen, die ihre religiösen Fragen mit anderen Bildungsbereichen verbinden. Die alten biblischen Erzählungen laden, nachdem die Wüste „eingerichtet" ist, beispielsweise dazu ein, zu interessanten Themen zu forschen, wie z. B. zu den folgenden Themen:

- Tiere
- Sprache, Kulturen
- Bauen
- Mengen, Zahlen

Station 5: Das Schatzbuch – Entdeckungen

Gemeinsam mit Samu, Isa und David haben die Kinder viele Abenteuer erlebt. Wenn keine konkreten Impulse mehr von den Fachkräften kommen, die Kinder dennoch weiter nah an ihren Geschichten bleiben möchten, entwickeln sie oft selbst weitere Ideen. So meinte Mia (4): „Ich habe auch einen Hund und Samu ist so alt wie ich – das ist toll. Aber kann der Hirte beim nächsten Mal ein Mädchen sein?“

Aus der KITA-Praxis

Aus der Kita-Praxis

„Die Kinder in der Kita St. Michael haben ihre eigenen Kinderbibeln mitgebracht und voller Freude festgestellt, dass darin überall die spannenden Geschichten, die sie zuvor von Samu gehört haben, zu finden sind. Das goldene Schatzbuch ‚wohnt' in einer besonderen Wüstenkiste auf der Fensterbank und kann jederzeit ausgeliehen werden."

Stellen Sie sich dazu folgende Fragen:

- Hat die (Kinder-)Bibel einen festen Ort in der Kita?
- Hat sie einen Ort, der nicht nur gesehen, sondern auch bespielt werden kann?
- Können die Kinder nach ihrer Reise und ihrem Spiel näher zu den interessanten Geschichten recherchieren?

Aus der Kita-Praxis

„Die Rituale mit Samu und Isa haben unseren Kindern, gerade in dieser anderen Zeit, besonders gutgetan. Mit den Herzensfragen haben sich alle Kinder sehr ernst genommen gefüllt und jedes Kind konnte eine eigene persönliche Reise machen. Die eigentliche Herzensfrage ist für uns der Moment, als der Geschichtenbeutel gefüllt und damit gespielt wurde. Wir freuen uns schon darauf, mit diesem praktischen Leitfaden weiter in die Welt des Alten Testaments einzutauchen – ganz bildlich und auf moderne Art und Weise. Wir trauen uns jetzt an Geschichten heran, die wir vorher gar nicht anfassen wollten. Schön, dass es an einem so magischen Ort stattfindet, der die Kinder und auch uns verzaubert hat."
(Nina Gießner und Christina Wasserkort)